Давайте писать по-русски!

Russisch schreiben – aber wie?

Eckhard Paul (Leiter der Autorengruppe),
Elke Ehrlich, Valentina Fischer, Hella Riedel

D1695879

Volk und Wissen Verlag GmbH

Einführung

Thematischer Teil

Minilexika

Textbeispiele

Alphabetisches Stichwortverzeichnis

Literaturverzeichnis

Ambros, W. / Frank, Karl O. / Pfaff, H. / Schmid, W.: Werkstatt Sprache. Sprachbuch für die bayerische Realschule. 7. Schuljahr. - München: Oldenbourg / C.C. Buchner, 1983.

Ambros, W. / Hertel, H. / Pfaff, H. / Frank, Karl O. / Weise, U.: Werkstatt Sprache. Sprachbuch für die bayerische Realschule. 10. Schuljahr. - München: Oldenbourg / C.C. Buchner, 1985.

Berger, R. / Gerstner, H. / Kießling, P. / Wolff, R. Der literarische Text - Anlaß für ein Gespräch. - Berlin: Volk und Wissen Verlag, 1994.

Brekle, W. / Dietze, Ch. /Heidrich, Th. / Kächele, H. / Schönborn, Ch.: Beschreiben und Erörtern. - Berlin: Volk und Wissen Verlag, 1976.

Deutsche Norm. Entwurf AA 4/UA 1. 2 Nr. 5/86. - Berlin: NABD, 1986.

Gröschl, R. / Häßler, E. / Paul, E. / Scharf, S.: Briefe an Freunde. - Berlin: Volk und Wissen Verlag, 1986.

Lehrplan Gymnasium: Russisch, Sonderausgabe des Sächsischen Staatsministeriums für Kultus. - Dresden, 1992.

Po swetu, Schülermagazin in russischer Sprache. - Berlin: Pädagogischer Zeitschriftenverlag GmbH Co., 1992 - 1994.

Steinbrecht, W.: Russisch heute, Band 2 und 3. - Dortmund: Verlag Lambert Lensing GmbH, 1987, 1988.

Vorläufiger Rahmenplan für Unterricht und Erziehung in der Berliner Schule. Gymnasiale Oberstufe. Fach Russisch. - Berlin: Senatsverwaltung für Schule, Berufsbildung und Sport, Nachdruck 1989.

Wolter, M. / Atze, Ch. / Brandt, B. / Hoffmann, N. u.a.: Диалог. Zweiteiliges Lehrwerk für Russisch als zweite Fremdsprache. - Berlin: Volk und Wissen Verlag, 1994.

Wolter, M. / Atze, Ch. / Brandt, B. / Günther, T. / Hoffmann, N. / Kirschbaum, E.-G. u.a.: Привет! Zweiteiliges Lehrwerk für Russisch als dritte Fremdsprache. - Berlin: Volk und Wissen Verlag, 1995.

Sprachliche Mittel zum Textaufbau

| **1** | **Einführung von Informationen** → 225 |

Ich freue mich, Ihnen mitteilen zu können, daß …	Мне приятно сообщить Вам, что …
Wir möchten Sie darüber informieren, daß …	Информируем Вас о том, что …
Es geht darum, daß …	Дело в том, что …
Klar ist, daß …	Ясно, что …
Man sagt, daß …	Существует мнение, что …
Man kann sagen, daß …	Можно сказать, что …
Man muß anmerken, daß …	Следует отметить, что …
Offensichtlich ist, …	Очевидно, …
Wichtig ist, …	Важно отметить, …
Wie bekannt …	Как известно …

| **2** | **Anordnung von Aussagen** → 10 |

Anfangs, zuerst, erstens	Сначала
Danach	Потом, после этого
Darauf, nachher, dann	Затем
Nachdem	После того как
Erstens, zweitens, drittens, viertens, fünftens	Во-первых, во-вторых, в-третьих, в-четвёртых, в-пятых,
Ferner, weiter	Далее
Im weiteren	В дальнейшем
In erster Linie	В первую очередь
Vor allem	Прежде всего

---

3 Verweis auf Mitgeteiltes → 230

Wie ich schon angemerkt habe, …	Как я уже отметил(а), …
Wie ich bereits gezeigt habe, …	Как я уже показал(а), …
Wie ich schon hervorgehoben habe, …	Как я уже подчеркнул(а), …
Wie erwähnt wurde, …	Как было упомянуто, …
Wie oben vermerkt wurde, …	Как отмечалось выше, …
Wie weiter oben gesagt wurde, …	Как говорилось выше, …

4 Ergänzung, Vertiefung von Aussagen → 236

Als Beispiel	Как пример
Auch	Также; тоже
Außerdem	Кроме того,
Besonders	Особенно
Darüber hinaus	Сверх того
Hinzuzufügen ist noch, daß …	Надо ещё добавить, что …
Übrigens	Кстати
Wobei	Причём
Zudem	Вместе с тем; к тому же

5 Wesen einer Person, Sache → 29

Diese Tatsache dient als Beispiel eines …	Этот факт служит примером … (чего)
Diese Entscheidung dient der weiteren Verbesserung des / der / von …	Это решение служит дальнейшему улучшению … (чего)
Sie hat sich als ein zuverlässiger Mensch erwiesen.	Она оказалась надёжным человеком.
Unsere Entscheidung erweist sich als falsch (richtig).	Наше решение оказывается (не)правильным.
Das Gedicht ist eines von jenen, die …	Стихотворение одно из тех, которые …
Er ist einer von denen, die …	Он один из тех, кто …
Hier einen Ausweg zu finden stellt eine schwierige Aufgabe dar.	Здесь найти выход представляет собой трудную задачу.
Dieses Kraut wird als Heilmittel verwendet.	Эта трава употребляется как лекарство.
Das Problem wird dadurch charakterisiert, daß …	Проблема характеризуется тем, что …
Das Problem wird durch den großen Umfang … deutlich.	Проблема становится очевидной из-за большого объёма …

Nina und Thorsten haben gleiche Interessen.	У Нины и Торстена одинаковые интересы.
Nina und Thorsten haben den gleichen Leistungsstand.	Нина и Торстен одинаковы по успеваемости.
Thorsten ist genauso akkurat wie Arne.	Торстен такой же аккуратный, как Арне.
Vater und Sohn kann man nicht miteinander vergleichen.	Нельзя сравнивать отца с сыном.
Was den Charakter angeht, unterscheiden sich Nina und Thorsten.	У Нины и Торстена разные характеры.
Nina unterscheidet sich von Thorsten durch ihre Sorgfalt.	Нина отличается от Торстена своей аккуратностью.
Meiner Meinung nach ist Fußball interessanter als Handball.	По-моему, футбол интереснее, чем гандбол.
Meiner Meinung nach ist Geographie interessanter als Astronomie.	По-моему, география интереснее астрономии.
Nach Thorstens Meinung ist Mathematik am interessantesten.	По мнению Торстена, математика интереснее всего.

Besondere Bildungen

älter	старше
der ältere, der älteste	старший, самый старший
besser	лучше
billiger	дешевле
früher	раньше
größer; mehr	больше
höher	выше
jünger	моложе
der jüngere, der jüngste	младший, самый младший
kleiner; weniger	меньше
kürzer	короче
lauter	громче
leichter	легче
leiser	тише
näher	ближе
niedriger	ниже
schlechter	хуже
der schlechtere	худший
teurer	дороже
tiefer	глубже
weiter	дальше

7 Gegenüberstellung, Verknüpfung → 236

aber …	но … ; …, а …
einerseits … , andererseits … ,	с одной стороны,…, с другой стороны,…
jedoch …	однако …
nicht nur … , sondern auch …	не только … , но и …
und …	и … (а …)
wie … so auch …	как … , так и …

8 Folgen eines Ereignisses → 239

deshalb …	поэтому …
… deswegen, weil …	… потому, что …
nach dem Ergebnis …	в результате этого …
in diesem (einem solchen) Falle …	в этом (таком) случае …
infolgedessen …	вследствие этого …
… woraus folgt, daß …	… откуда следует, что …
weil …	потому что …

9 Überleitung zu einem anderen Thema → 234, 236

Ich glaube, daß du gern etwas über … erfahren möchtest.	Думаю, что ты хотел(а) бы узнать о …
Ich möchte jetzt davon berichten, daß …	Хотел(а) бы сообщить кое-что о …
Gehen wir zum nächsten Thema über.	Перейдём к следующей теме.
Nun möchte ich einiges über … mitteilen.	Теперь немного о …
Sicher wird es dich interessieren, daß …	Тебе, наверное, будет интересно узнать, что …
Wenden wir uns jetzt … zu.	Обратимся теперь к …

10 Schlußfolgerung, Abschluß, Zusammenfassung von Aussagen → 236

Abschließend möchte ich bemerken …	В заключение я хочу отметить …
All das spricht davon, daß …	Всё это говорит о том, что …
Auf diese Weise …	Таким образом …
Folglich …	Итак, …
Ich bin zu dem Ergebnis gelangt, daß …	Я пришёл (пришла) к выводу, что …
Zusammenfassend möchte ich sagen, daß …	Подводя итоги, хочу сказать, что …

**Sprachliche Mittel zum Ausdruck von Meinungen,
Stellungnahmen, Wertungen**

11 **Empfehlung** → 96, 136

Ich rate dir, diesen Film anzusehen.	Советую тебе посмотреть этот фильм.
Ihr müßt Euch dieses Konzert anhören.	Вам надо сходить на этот концерт.
Es wäre schön, wenn wir dieses Problem erörtern könnten.	Хорошо было бы обсудить эту проблему.
Ich habe folgenden Rat: …	Могу дать такой совет: …
Ich würde Ihnen folgendes raten: …	Я посоветовал(а) бы Вам следующее: …
Mein Vorschlag sieht so aus: …	Моё предложение такое: …
Ich schlage vor, …	Я предлагаю …
Es lohnt sich, … zu sehen.	Стóит посмотреть …

12 **Dank, Bitten, Wünsche** → 220 – 221, 227

Ich danke dir für die Eintrittskarten.	Благодарю тебя за билеты.
Wir danken Euch für das Geschenk.	Благодарим вас за подарок.
Vielen Dank für Eure Hilfe. Danke für die Blumen.	Большое спасибо за вашу помощь. Спасибо за цветы.
Ich bin dir dafür sehr dankbar.	Я тебе очень благодарен (благодарна) за это.
Sie war ihnen sehr dankbar.	Она была им очень благодарна.

Ich habe an Sie eine kleine Bitte.	У меня к Вам небольшая просьба.
Können Sie mir bitte Auskunft geben, woher …?	Не сможете ли Вы мне дать справку, откуда …?
Können Sie mir nicht vielleicht … besorgen?	Вы не сможете мне достать … ?
Könntest du dich nicht erkundigen, wann …?	Ты не мог(ла) бы узнать, когда … ?
Möchte deine Schwester nicht vielleicht zu uns kommen?	Может быть, твоя сестра хотела бы к нам приехать?
Schreibe mir bitte!	Напиши мне, пожалуйста!
Vergiß ihn nicht!	Не забывай о нём!
Erklärt uns bitte …	Объясните нам, пожалуйста, …
Vergiß nicht zu schreiben!	Не забывай писать!
Entschuldige bitte mein langes Schweigen.	Извини меня, пожалуйста, за долгое молчание.
Kann man dich um Hilfe bitten?	Можно тебя попросить о помощи?
Ich bitte dich, auf meine Frage zu antworten.	Я прошу тебя ответить на мой вопрос.
Sei so gut, schreib mir bitte, …	Будь добр(а), напиши мне, пожалуйста, …
Seien Sie so nett und grüßen Sie bitte meine Bekannten recht herzlich.	Будьте любезны, передайте наилучшие пожелания моим знакомым.
Ich wünsche dir alles Gute.	Желаю тебе всего хорошего.
Wir wünschen Ihnen Gesundheit.	Желаем Вам здоровья.
Mögen alle deine Wünsche in Erfüllung gehen.	Пусть сбудутся все твои желания.
Ich möchte bei dir sein.	Я хочу быть с тобой.
Ich möchte so gern Neuseeland kennenlernen.	Мне очень хочется познакомиться с Новой Зеландией.
Sie wollte nur eines: daß ihr Freund zurückkehren möge.	Она только одного хотела: чтобы друг вернулся.

13 Zustimmung, Ablehnung, Unentschiedenheit → 29

Ich bin (nicht) deiner Meinung.	Я (не) согласен (согласна) с тобой.
Ich glaube, das stimmt (nicht).	Я думаю, что это (не) так.
Ich bin (nicht) dagegen, aber ich denke …	Я (не) против (этого), но я думаю …
Meines Erachtens hast du (nicht) recht.	По-моему, ты (не) прав(á).
Das ist (nicht) richtig.	Это (не)правильно.
Schwer zu sagen.	Трудно сказать.
Ich habe dazu keine feste Meinung.	У меня нет об этом твёрдого мнения.
Ich habe nichts dagegen, daß …	Я ничего не имею против того, что …
Ich bin dafür!	Я за!
Ich bin derselben Meinung.	Я того же мнения.
Ich bin nicht Ihrer Meinung.	У меня другое мнение.
Ich bin anderer Meinung.	Я другого мнения.
Natürlich!	Конечно!

14 Gewißheit, Rechtfertigung, Zweifel, Vermutung → 236

Ich bin davon (nicht) überzeugt.	Я (не) убеждён (убежденá) в этом.
Ich bezweifle das (nicht).	Я (не) сомневаюсь в этом.
Ich bin (nicht) sicher.	Я (не) уверен(а).
Von meinem Standpunkt aus …	С моей точки зрения …
Von mir aus betrachtet …	На мой взгляд …
Das ist überhaupt nicht so.	Это совсем не так.
Das betrifft mich nicht.	Это меня не касается.
Woher soll ich das wissen?	Откуда мне знать?
Wer schreibt so etwas?	Кто такое пишет?
Ich glaube, Sie haben nicht richtig verstanden, worüber ich geschrieben habe.	Мне кажется, Вы неправильно поняли, о чём я писал(а).
Man darf nicht vergessen, daß …	Нельзя забывать, что …
Ich verstehe das anders.	Я это по-другому понимаю.
Ich bin so vorgegangen, wie es geplant war.	Я поступил(а) так, как было предусмотрено.

Entschuldigen Sie bitte, wir reden von verschiedenen Dingen.

Извините, пожалуйста, мы говорим о разных вещах.

Ich denke nicht, daß ich mich geirrt habe.

Я не думаю, что я ошибся (ошиблась).

Meine Aufgabe war anders.

Моя задача была другой.

Es ging um etwas anderes.

Вопрос был в другом.

Entschuldigen Sie bitte, aber so war es vorgesehen.

Извините, пожалуйста, но так было предусмотрено.

Das muß ich mir erst noch überlegen.

Мне надо сначала подумать.

Ich befürchte, daß es nicht stimmt.

Боюсь, что это не так.

Es ist kaum so.

Едва ли это так.

Du scheinst dich zu irren.

По-моему, ты ошибаешься.

Ich denke anders.

Я думаю иначе.

Es ist wahrscheinlich so.

Наверное, это так.

Mir scheint …

Мне кажется …

Kann sein, daß …

Может быть, что …

15 Freude, Fröhlichkeit → 231 – 232

Ich freue mich für dich.

Я рад(а) за тебя.

Ich freue mich darüber, daß …

Я рад(а) тому, что …

Ich bin glücklich über den Erfolg.

Я рад(а) успеху.

Das ist wunderbar.

Это чудесно.

Ich bin davon begeistert.

Я в восторге от этого.

Ich hatte (kein) Glück.
Zum Glück …

Мне (не) повезло.
К счастью, …

Worüber soll man sich freuen?

Чему радоваться?

Mir wurde schwindlig vor Freude.

У меня закружилась голова от радости.

Meine Freude war grenzenlos.

Радости моей не было границ.

Wir waren vor Freude außer uns.

Мы были вне себя от радости.

Das war der schönste Tag in meinem Leben.

Это был самый замечательный день в моей жизни.

Mein Gott, was für ein Glück!

Боже мой, какое счастье!

Herrlich! Das ist toll!	Великолепно! Вот это да!
Sie war der glücklichste Mensch.	Она была счастливейшим человеком.
Das bereitet mir großes Vergnügen.	Это доставляет мне большое удовольствие.
Wir machten das aus Spaß.	Мы сделали это шутки ради.
Er lachte, bis ihm die Tränen kamen.	Он смеялся до слёз.
Meine Freundinnen kamen fast um vor Lachen.	Мои подруги чуть не умерли со смеху.
Er brachte mich durch seinen Anblick zum Lachen.	Он уморил меня своим видом.
Thekla konnte sich das Lachen nicht verkneifen.	Текла не могла удержаться от смеха.
Sie lachte von ganzem Herzen.	Она от души посмеялась.
Das war wirklich amüsant.	Это действительно было забавно.

16   Enttäuschung, Bedauern, Leid, Verzweiflung → 29

Das hat mich enttäuscht.	Это меня разочаровало.
Leider weiß ich nichts über …	К сожалению, ничего не знаю о …
Wie schade!	Как жаль!
Ist das nicht schade?	Жаль, правда?
Ich hatte (einfach) Pech.	Мне (просто) не повезло.
Zu allem Unglück …	К несчастью …
Vater war völlig verzweifelt.	Отец был в полном отчаянии.
Das bringt mich um den Verstand.	Это сведёт меня с ума.
Ich ahne Schlimmes.	Я боюсь худшего.
Offensichtlich war irgend etwas passiert.	Очевидно, что-то случилось.
Das ist sehr traurig.	Это очень печально.
Er tat mir sehr leid.	Мне было его очень жаль.
Wir waren sehr traurig.	Нам было очень грустно.
Wir hatten den Mut verloren.	Мы упали духом.
Ich habe keine Ruhe.	Мне не сидится на месте.
Mir ist nicht zum Lachen.	Мне не до смеха.

Ihr lag etwas auf der Seele.	У неё тяжело было на душе.
Wir erhielten eine traurige Nachricht.	Мы получили печальное известие.
Das Herz stockte mir.	Сердце у меня замерло.
Ich finde nichts Lustiges daran.	Я в этом ничего смешного не вижу.

17 Verwunderung, Bewunderung → 25, 29

Das wundert mich (aber).	(Однако) Это меня удивляет.
Diese Nachricht hat mich überrascht.	Это известие меня удивило.
Das will mir nicht in den Kopf.	Я этого не могу понять.
Ist das die Möglichkeit!	(Этого) не может быть!
Sollte das wirklich wahr sein?	Неужели это правда?
Ich bin überrascht, wieso man das nicht verstehen kann.	Поражаюсь, как можно этого не понимать.
War sie wirklich mit seiner Idee einverstanden?	Неужели она согласилась с его идеей?
Ich staune, daß dir das Stück nicht gefällt.	Я удивлён (удивлена), что пьеса тебе не нравится.
Ich begeistere mich so richtig an den Stücken von Chopin.	Искренне восхищаюсь композициями Шопена.
Ich bewundere die Ausdauer meiner Mutter.	Восхищаюсь выдержкой моей мамы.
Manchmal sind wir von seinen Einfällen überrascht.	Иногда его затеи очень неожиданны.
Sobald ich im Theater bin, empfinde ich eine festliche Stimmung.	Как только я вхожу в театр, у меня сразу же поднимается настроение.

Persönliche Angaben, Familie, Freunde

Persönliche Angaben

18 Ich → 25, 29

Jetzt möchte ich etwas von mir erzählen.	Теперь я хотел(а) бы немножко рассказать о себе.
Ihr seid bestimmt neugierig, wer ich bin.	Вы, наверное, хотите узнать, кто я.

Ich heiße <u>Andreas Schmidt</u>, aber meine Freunde nennen mich <u>Andi</u>.
    Ulrike Maier
    Uli
	Меня зовут <u>Андреас Шмидт</u>, но мои друзья называют меня <u>Анди</u>.
	    Ульрике Майер
	    Ули

Ich bin 16 Jahre alt.	Мне 16 лет.
Ich wurde am 2. Februar 1980 in München geboren und bin Wassermann.	Я родился (родилась) 2 февраля 1980 года в городе Мюнхене под знаком Водолея.
Mein Vater ist Unternehmer, meine Mutter arbeitet als Krankenschwester.	Мой отец предприниматель, моя мать работает медсестрой.
Ich habe eine Schwester, aber leider keinen Bruder.	У меня есть сестра, но, к сожалению, нет брата.
In meiner Freizeit spiele ich Tennis.	В свободное время я играю в теннис.
Technik – das ist meine Welt. Deshalb möchte ich einmal Ingenieur werden.	Техника – это мой мир. Поэтому я хочу стать инженером.

Ich gehe aufs Gymnasium und bin in der 10. Klasse.

Я учусь в гимназии в 10 классе.

Nach der Schule werde ich studieren.

После окончания школы я буду учиться дальше.

19 **Zusätzlicher Wortschatz** → 18

Deutsche
Deutscher
Familienname
    den Familiennamen nennen
Vorname
    den Vornamen wiederholen

немка
немец
фамилия
    назвать / называть фамилию
имя
    повторить / повторять имя

Tierkreiszeichen

Знаки зодиака

Steinbock (22.12. – 20.1.)
Wassermann (21.1. – 19.2.)
Fische (20.2. – 20.3.)
Widder (21.3. – 20.4.)
Stier (21.4. – 20.5.)
Zwillinge (21.5. – 21.6.)
Krebs (22.6. – 22.7.)
Löwe (23.7. – 23.8.)
Jungfrau (24.8. – 23.9.)
Waage (24.9. – 23.10.)
Skorpion (24.10. – 22.11.)
Schütze (23.11. – 21.12.)

Козерог
Водолей
Рыбы
Овен
Телец
Близнецы
Рак
Лев
Дева
Весы
Скорпион
Стрелец

20 **Как рассказать о себе** → 18

Биография

Меня зовут …
Мне … лет.
Я родился (родилась) … в …
Наша семья – это …
Мой отец работает …
Моя мать по профессии …
В свободное время я занимаюсь …
Я интересуюсь …
Я хожу в … , я учусь в …
Я хочу стать …

Блиц-анкета

Знак зодиака:	Любимый цвет:
Любимые цветы:	Любимые имена:
Любимые животные:	Любимое блюдо:
Лучшее время года:	Любимый напиток:
Любимая песня:	Любимые занятия:
Любимые книги:	Самый любимый город:
Любимая певица:	Достоинства (свои):
Любимый певец:	Недостаток (свой):
Любимая спортсменка:	Наибольший успех в жизни:
Любимый спортсмен:	Наибольшее разочарование:
Любимые уроки в школе:	Самые смелые планы (свои):

21 **Haus** → 25, 108

Wir wohnen <u>in einem eigenen Haus</u>.
  in einer Eigentumswohnung
  zur Miete

Мы <u>живём в собственном доме</u>.
  живём в собственной квартире
  снимаем квартиру

Unser Haus hat <u>vier Etagen</u>.
  zehn Etagen

В нашем доме <u>4 этажа</u>.
  10 этажей

Unsere Wohnung ist <u>in einem alten Haus.</u>

  in einem Neubau

Наша квартира находится
<u>в старом доме</u>.
  в новостройке

Wir haben (k)einen Fahrstuhl.

В доме есть лифт (нет лифта).

Zu unserem Haus gehört ein Garten.

При нашем доме есть сад.

Unsere Wohnung ist <u>in der 3. Etage</u>.

  im Erdgeschoß

Наша квартира находится
<u>на четвёртом этаже</u>.
  на первом этаже

Wir haben eine große und schöne
  Wohnung.

Квартира у нас большая и хорошая.

Wir leben in einer <u>Dreizimmerwohnung</u>.
  Vierzimmerwohnung

У нас <u>трёхкомнатная квартира</u>.
  четырёхкомнатная квартира

Wir haben <u>einen Balkon</u>.
  einen Dachgarten
  leider keinen Balkon

У нас <u>есть балкон</u>.
  есть цветник на крыше
  , к сожалению, нет балкона

Zu unserer Wohnung gehören <u>Wohn- und
Schlafzimmer</u>.
  Kinder- und Arbeitszimmer
  Küche und Bad

В квартире есть <u>гостиная и спальня</u>.

  детская и кабинет
  кухня и ванная

17

Ich lebe <u>bei meinen Eltern</u>.
  bei meinem Freund
  bei meiner Freundin

Я живу <u>вместе с родителями</u>.
  вместе с другом
  вместе с подругой

Ich lebe in einer WG.

Я живу вместе с друзьями в одной квартире.

Wir haben <u>eine Traumwohnung</u>.
  keine Traumwohnung

У нас <u>идеальная квартира</u>.
  нет идеальной квартиры

22 **Zimmer** → 24, 106

Ich habe leider kein eigenes Zimmer.

К сожалению, у меня нет своей комнаты.

Ich muß mir das Zimmer <u>mit meinem Bruder</u> teilen.
  mit meiner Schwester

Я живу в одной комнате <u>с братом</u>.

  с сестрой

Ich träume davon, ein eigenes Zimmer zu haben.

Я мечтаю о собственной комнате.

In Gedanken habe ich mir schon oft mein Zimmer eingerichtet.

Мысленно я часто обставлял(а) свою комнату.

Ich weiß genau, wie es aussehen soll.

Я точно знаю, как она должна выглядеть.

Seit kurzem habe ich ein eigenes Zimmer.

С недавнего времени у меня своя комната.

Mein Zimmer ist <u>hell und sonnig</u>.
  klein, aber gemütlich
  zu klein
  dunkel

Моя комната <u>светлая и солнечная</u>.
  маленькая, но уютная
  слишком маленькая
  тёмная

Im Zimmer ist <u>ein großes Fenster</u>.
  nur ein kleines Fenster

В комнате <u>большое окно</u>.
  только маленькое окно

Die Fenster gehen <u>zur Straße</u> hinaus.
  zum Hof

Окна выходят <u>на улицу</u>.
  во двор

Mein Zimmer ist modern eingerichtet.

Моя комната современно обставлена.

In der Ecke steht <u>ein Fernsehapparat mit Videoanlage</u>.
  ein Hi-Fi-Turm

В углу стоит <u>телевизор с видео-магнитофоном</u>.
  комплект электронной радио-аппаратуры

  mein Computer
  ein Klavier
  ein kleiner Ofen

  мой компьютер
  пианино
  небольшая печь

Rechts (links) im Zimmer ist <u>eine Sitz-gruppe</u>.
    ein Bücherschrank
    mein Schreibtisch

Справа (слева) стоит <u>мягкая мебель</u>.

    книжный шкаф
    мой письменный стол

Gegenüber steht <u>eine Couch</u>.
    der Vogelkäfig
    das Aquarium

Напротив стоит <u>диван</u>.
    клетка с птицей
    аквариум

An den Wänden hängen <u>Poster von Rockgruppen</u>.
    alte Bilder
    Reproduktionen

На стенах висят <u>плакаты рок-групп</u>.

    старые картины
    репродукции

In der Mitte steht ein <u>runder</u> Tisch.
    viereckiger

В середине стоит <u>круглый</u> стол.
    четырёхугольный

Mein Zimmer hat Teppichboden.

На полу ковровое покрытие.

Grünpflanzen <u>habe ich auch</u>.
    habe ich überall

<u>Есть у меня и</u> комнатные растения.
    Повсюду у меня

Ich habe mein Zimmer selbst eingerichtet.

Я сам(а) обставил(а) свою комнату.

Möbel und Farben durfte ich (nicht)
    allein aussuchen.

Мебель и цветá я (не) мог(ла)
    выбрать сам(а).

Ich bin oft in meinem Zimmer, weil ich mich hier wohl fühle.

Я часто нахожусь в своей комнате, потому что чувствую себя здесь хорошо.

---

23   **Zusätzlicher Wortschatz** → 106

Bett	кровать
Bodenkammer	чердак
Flur	передняя
Heimtrainer	комнатный велотренажёр
Keller	подвал
Kleiderschrank	платяной шкаф
Leuchtmittel	→ 214 (5)
Telefon mit Anrufbeantworter	телефон с автоответчиком
Wechselsprechanlage	переговорное устройство
Vitrine	горка

---

24   **Как описать квартиру и комнату** → 21 – 22

Мы живём в …
Обстановка в комнате …
Наша квартира находится в … на …
В углу, у окна, справа, слева, напротив, в середине комнаты стоит …

К дому относится …
На стенах висят …
На полу лежит …
В квартире есть …
Мне нравится … , потому что …
Я живу вместе с …

Familie

25 Familienmitglieder → 18

Wir sind eine kleine Familie, wir sind <u>zu dritt</u>.
  zu viert
	Наша семья маленькая, нас <u>трое</u>.
	  четверо

Mein Vater <u>lebt nicht bei uns</u>.
  ist gestorben
	Мой отец <u>не живёт с нами</u>.
	  умер

Meine Eltern <u>leben getrennt</u>.
  sind geschieden
	Мои родители <u>не живут вместе</u>.
	  разведены

<u>Meine Mutter</u> ist 41 Jahre alt.
  Mein Vater
	<u>Моей матери</u> 41 год.
	  Моему отцу

Sie arbeitet als Verkäuferin.	Она работает продавщицей.
Er ist Finanzberater.	Он по профессии финансовый консультант.

Ich sehe <u>meinem Vater</u> ähnlich.
  meiner Mutter
	Я похож(а) <u>на своего отца</u>.
	  на свою мать

Ich habe <u>einen älteren Bruder</u>.
  eine jüngere Schwester
	У меня есть <u>старший брат</u>.
	  младшая сестра

Er heißt Matthias und ist 18 Jahre alt.	Его зовут Маттиас, ему 18 лет.
Sie heißt Anna und ist vier Jahre alt.	Её зовут Анна, ей четыре года.

Meine Schwester geht <u>in den Kindergarten</u>.
  in die Schule
	Моя сестра ходит <u>в детский сад</u>.
	  в школу

26 Familienklima → 18, 27 – 28

Wir verstehen uns gut.	Мы живём дружно.
Meine Eltern sind in Ordnung.	У меня хорошие отношения с родителями.

Mit ihnen kann ich <u>über alles</u> reden.
  über meine Probleme
	С ними я могу говорить <u>обо всём</u>.
	  о своих проблемах

Ich kann meine Meinung sagen.	Я могу высказывать своё мнение.
Manchmal ärgere ich mich über meine Eltern.	Иногда я сержусь на своих родителей.

Wir gehen ab und an <u>zu meiner Tante</u>.
    zu meinem Onkel
	Иногда мы навещаем <u>мою тётю</u>.
	    моего дядю

Ich bin oft <u>bei meiner Oma</u>.
    bei meinem Opa
	Я часто бываю <u>у своей бабушки</u>.
	    у своего дедушки

Sie ist ein guter und fröhlicher Mensch.	Она добрый и весёлый человек.

Ich helfe meiner Oma <u>beim Saubermachen</u>.
    beim Einkaufen
    beim Fensterputzen
	Я помогаю бабушке <u>убирать квартиру</u>.
	    ходить за покупками
	    мыть окна

Unsere Familie verbringt <u>den Urlaub</u> zusammen.
    die Feiertage
	Наша семья вместе проводит <u>отпуск</u>.
	
	    праздники

Wir feiern zusammen <u>Geburtstag</u>.
    Weihnachten
	Мы вместе отмечаем <u>день рождения</u>.
	    Рождество

Ich finde es schön zu Hause.	Мне хорошо дома.

27 **Zusätzlicher Wortschatz** → 18, 25

Besuch
    zu Besuch gehen
    zu Besuch sein
	гость (гости)
	    ходить в гости
	    быть в гостях

Cousin
    mit dem Cousin telefonieren
	двоюродный брат, кузен
	    позвонить / звонить кузену

Cousine
    die Cousine einladen
	двоюродная сестра, кузина
	    пригласить / приглашать кузину

Enkel
    den Enkel verwöhnen
	внук
	    избаловать / баловать внука

Enkelin
    die Enkelin gern haben
	внучка
	    любить внучку

Geschwister
    die Geschwister necken
	брат и сестра
	    подшутить / подшучивать над братом и сестрой

Neffe
    sich mit dem Neffen streiten
	племянник
	    поссориться / ссориться с племянником

Nichte
    mit der Nichte spielen
	племянница
	    играть с племянницей

Scheidung
    sich scheiden lassen
	развод
	    развестись / разводиться

Stiefbruder	сводный брат
den Stiefbruder sehen	увидеть / видеть сводного брата
Stiefmutter	мачеха
die Stiefmutter anrufen	(по)говорить по телефону с мачехой
Stiefschwester	сводная сестра
die Stiefschwester zu sich einladen	пригласить / приглашать сводную сестру к себе
Stiefvater	отчим
sich mit dem Stiefvater unterhalten	разговаривать с отчимом
Verwandter	родственник
dem Verwandten schreiben	написать / писать родственнику

28   **Как рассказать о своей семье** → 18, 25 – 27

У меня … семья. Нас …
Моего отца зовут … , ему … лет, он работает …
Мою мать зовут … , ей … лет, она по профессии …
Мой брат ходит в …
Моя сестра – ученица в …
Я часто бываю у …
Иногда мы навещаем …
Мы вместе отмечаем …

Freunde

29   **Freundeskreis** → 6, 18, 73

Ich habe <u>einen guten Freund</u>.	У меня есть <u>хороший друг</u>.
viele Freundinnen	много подруг
Meine <u>Freunde</u> sind in Ordnung.	У меня хорошие <u>друзья</u>.
Freundinnen	подруги
Mein Freund wohnt <u>im Nebenhaus</u>.	Мой друг живёт <u>в соседнем доме</u>.
gegenüber	через улицу
Er (Sie) geht in meine Klasse.	Он(а) учится в моём классе.
Wir haben die gleichen <u>Interessen</u>.	У нас те же самые <u>интересы</u>.
Hobbys	хобби
Wir verbringen oft die Freizeit zusammen.	Мы часто проводим вместе свободное время.
Unsere Gruppe trifft sich <u>auf der Straße</u>.	Наша компания встречается <u>на улице</u>.
beim Training	на тренировках
an der Ecke	на углу

Meine Freundin ist oft <u>bei mir zu Hause</u>.
mit mir im Stadion

Манчmal geht er mir auf die Nerven.

Ich habe mich <u>in ein Mädchen</u> aus meiner
Klasse verliebt.
in einen Jungen

Ich bin <u>verliebt</u>.
ein Glückspilz

Ich denke oft an <u>ihn</u>.
sie

Моя подруга часто бывает <u>у меня дома</u>.
со мной на стадионе

Иногда он действует мне на нервы.

Я <u>влюбился в девушку</u> из своего класса.

влюбилась в юношу

Я <u>влюблён (влюблена)</u>.
счастливчик

Я часто думаю <u>о нём</u>.
о ней

---

30 **Überraschung** → 25, 29

Meine Freundin ist schwanger.

Sie weiß es seit zwei Wochen.

Sie will das Kind behalten.

Ihr Freund will, daß sie es abtreibt.

Ich bin für ein Kind.

Plötzlich wird alles anders.

Alle sind aufgeregt.

Ihren Eltern hat sie es noch nicht gesagt.

Nur ihrer Tante hat sie sich anvertraut.

Sie hat Angst vor dem, was kommt.

Wie würde es mir ergehen?

Моя подруга бере́менна.

Она знает об этом две недели.

Она хочет оставить ребёнка.

Её друг требует, чтобы она сделала
аборт.

Я за ребёнка.

Внезапно всё меняется.

Все нервничают.

Она своим родителям ещё ничего не
сказала.

Только её тётя всё знает.

Она боится завтрашнего дня.

Как бы я это перенесла?

---

31 **Äußeres** → 32

<u>Mein Freund</u> sieht gut aus.
Meine Freundin

Er ist <u>groß</u>.
mittelgroß
klein

Er hat <u>breite</u> Schultern.
schmale

<u>Мой друг</u> хорошо выглядит.
Моя подруга

Он <u>высокого</u> роста.
среднего
невысокого

У него <u>широкие</u> плечи.
узкие

Meine Freundin ist <u>schlank</u>.
  mollig

Sie hat <u>rote</u> Haare.
  kurze
  gefärbte

Ihr Gesicht ist <u>rund</u>.
  hübsch
  länglich

Seine Stirn ist <u>gewölbt</u>.
  hoch
  niedrig

Ihre Augen sind <u>braun</u>.
  grau
  blau

Sie hat eine Stupsnase.

Er trägt <u>einen Ohrring</u>.
  eine Brille

Er hat <u>einen kleinen Bart</u>.
  einen Schnauzbart
  einen Pferdeschwanz

Er sieht wie <u>ein Schauspieler</u> aus.
  ein Sportler

Mein Freund trägt einen dunklen Mantel.

Er hat einen hellen Anzug an.

Er trägt blaue Jeans.

Meine Freundin trägt ein rotes Kleid.

Sie hat einen schwarzen Rock an.

Sie trägt eine weiße Bluse.

Моя подруга <u>стройная</u>.
  полная

У неё <u>рыжие</u> волосы.
  короткие
  крашенные

У неё <u>круглое</u> лицо.
  миловидное
  удлинённое

У него <u>крутой</u> лоб.
  высокий
  низкий

У неё <u>карие</u> глаза.
  серые
  голубые

У неё курносый нос.

Он носит <u>серьгу</u>.
  очки

У него <u>небольшая бородка</u>.
  усы
  конский хвост (на голове)

Он похож на <u>актёра</u>.
  спортсмена

На моём друге тёмное пальто.

Он в светлом костюме.

Он носит синие джинсы.

На моей подруге красное платье.

Она в чёрной юбке.

Она носит белую блузку.

32 **Zusätzlicher Wortschatz** → 31, 33

Brauen	брови
Figur	фигура
Kopf	голова
Lippen	губы
Mund	рот
Ohren	уши
Wangen	щёки

33   Как описать внешность человека → 31 – 32

Мне кажется, он(а) выглядит …
Он(а) … роста.
Если я не ошибаюсь, у него (неё) … фигура, … плечи, … волосы, …
    лицо, … лоб, … глаза, … нос.
Он(а) носит …
На нём (ней) …
Я сказал(а) бы, он(а) похож(а) на …

34   Charakter → 18, 25, 29

Mein Freund hat gute und weniger gute
Eigenschaften.
    Meine Freundin

У моего друга есть хорошие и не
очень хорошие качества.
    У моей подруги

Er ist gut und gerecht.

Он добрый и справедливый.

Sie ist mutig und klug.

Она смелая и умная.

Ich schätze seine Offenheit.
    ihre Ehrlichkeit

Я ценю его за откровенность.
    её за честность

Er (Sie) ist ein verantwortungsvoller Mensch.

Он(а) очень ответственный человек.

Manchmal ist er egoistisch.
    geizig
    schüchtern

Иногда он эгоистичен.
    скуп
    робок

Es gefällt mir, daß sie kreativ ist.

    selbständig

Мне нравится, что она творческая
личность.
    самостоятельная

Sie hilft mir oft.

Она часто мне помогает.

Ich muß meiner Freundin ein Kompliment
machen: Sie ist nicht auf halbem Wege
stehengeblieben.

Мне хочется сделать своей подруге
комплимент: она не остановилась на
полпути.

Er kann mir zuhören.

Он умеет меня слушать.

Ihm kann man trauen.

Ему можно доверять.

Er versucht, mich zu verstehen.

Он старается меня понять.

Auf ihn kann ich mich verlasssen.

На него можно положиться.

Ich bin gern mit ihm zusammen.
    ihr

Мне с ним интересно.
    ней

Freundschaft ist für mich wichtig.
    Liebe

Дружба для меня очень важна.
    Любовь

35 **Zusätzlicher Wortschatz** → 18, 25, 29

Achtung	уважение
Ansehen	→ 214 (10)
Bescheidenheit	скромность
Feinfühligkeit	чуткость
Gleichgültigkeit	равнодушие
Kontaktfreudigkeit	общительность
Neid	зависть
Leichtsinnigkeit	легкомыслие
Optimismus	оптимизм
Selbstbewußtsein	уверенность в себе
Toleranz	толерантность
Treue	верность
Vertrauen	доверие
Zuverlässigkeit	надёжность

36 **Как описать характер человека** → 34 – 35

У моего друга (моей подруги) есть много положительных качеств,
  а именно …
Больше всего я ценю его (её) за …
Я уважаю его (её) за то, что …
По-моему, самое важное в характере …
Я думаю, что настоящий друг (настоящая
  подруга) должен (должна) быть …

37 **Heimatstadt** → 39, 95 – 96

Ich wohne in Heidelberg.	Я живу в Гейдельберге.
Das ist eine Stadt in Baden-Württemberg.	Это город в земле Баден-Вюртемберг.

Sie liegt in der Nähe von Mannheim.
  südlich
	Он находится недалеко от Мангейма.
	  южнее

Vor drei Jahren sind wir hierher gezogen.	Три года тому назад мы переехали сюда.
Unsere Stadt liegt am Neckar.	Наш город расположен на реке Неккар.
Meine Heimatstadt ist eine alte Stadt.	Наш город очень старый.
Sie wurde im 12. Jahrhundert gegründet und ist etwa 800 Jahre alt.	Он был основан в XII веке. Ему примерно 800 лет.
Hier wohnen ungefähr 150 000 Einwohner.	Здесь приблизительно 150 000 жителей.

In unserer Stadt gibt es viele Sehenswürdigkeiten.	В нашем городе много достопримечательностей.
Die größte Sehenswürdigkeit der Stadt ist das Schloß.	Главная достопримечательность города – за́мок.
Die Stadt ist bekannt durch ihre alte Universität.	Город знаменит своим старинным университетом.
Ich gehe gern bummeln.	Я люблю гулять по городу.
In der Altstadt sind viele <u>Geschäfte</u>.	В старой части города много <u>магазинов</u>.

kleine Restaurants
    Boutiquen
    Springbrunnen
    Brücken
	маленьких ресторанов
	    бутиков
	    фонтанов
	    мостов

In unserer Stadt gibt es moderne Industriebetriebe.	В нашем городе есть современные промышленные предприятия.

Besonders entwickelt ist <u>der Maschinen-bau</u>.
    die elektrotechnische Industrie
	Особенно <u>развито машиностроение</u>.
	
	    развита электротехническая про-мышленность

In der Umgebung gibt es ausgedehnte Wälder und Seen.	В окрестностях находятся большие леса и озёра.

Ich möchte <u>in (k)einer anderen Stadt</u> leben.
    (nicht) auf dem Land
	Я (не) хотел(а) бы жить <u>в другом городе</u>.
	    в деревне

Ich liebe meine Heimat.	Я люблю свою родину.

38   **Zusätzlicher Wortschatz** → 37

Norden	север
Osten	восток
Süden	юг
Westen	запад
Nordost	северо-восток
im Norden	на севере
im Osten	на востоке
im Süden	на юге
im Westen	на западе
im Nordosten	на северо-востоке

39 **Как рассказать о своём родном городе** → 37 – 38

Мой родной город находится на (в) …
Он расположен на … , в …
Наш город был основан в … , ему … лет.
Его история связана с …
В нашем городе приблизительно … жителей.
В старой части города находятся …
Можно осмотреть …
Очень известны также … и …
На промышленных предприятиях производят …

Fragen zu Person, Familie, Freunden

40 **Fragen zur Person** → 18, 29

Как Вас зовут?
Сколько Вам лет?
Когда и где Вы родились?
Чем Вы интересуетесь?
Чем Вы занимаетесь в свободное время?
Где Вы учитесь?
Кем Вы хотите стать?

В каком доме и в какой квартире Вы живёте?
Какие у Вас комнаты?
Как выглядят Ваши комнаты?
Какой Вы представляете себе идеальную квартиру?

Где находится Ваш родной город?
Где он расположен?
Когда город был основан?
Сколько в нём жителей?
Какие достопримечательности в нём можно осмотреть?
Какая промышленность есть в городе?

41 **Fragen zur Familie** → 25 – 28

Какая у Вас семья? Сколько человек в семье?
У Вас есть брат или сестра?
Как его (её) зовут?
Сколько ему (ей) лет?
Где и кем работают Ваши родители?
С кем Вы говорите о своих делах?
Что ты думаешь о семейных праздниках?
Ты любишь бывать у родственников?

Ты охотно ходишь в гости?

Что ты думаешь о совместной жизни нескольких поколений под
одной крышей?

Твоя семья живёт дружно?

Ты гордишься своей семьёй?

Ты можешь надеяться на свою семью?

Есть ли в твоей семье знаменитые люди?

42   **Fragen zu Freunden** → 18, 29

У Вас есть настоящий товарищ (настоящая подруга)?

Как Вы думаете, что важнее: внешность или характер человека?

Как выглядит Ваш друг (Ваша подруга)?

Какой у него (неё) нос / лоб?

Какая у него (неё) фигура?

Какие у него (неё) волосы / плечи / глаза?

Как он(а) одевается?

На кого он(а) похож(а)?

Кто говорит решающее слово, ты или твоя подруга (твой друг)?

Легко ли для тебя быть другом?

Можно ли простить другу плохой поступок?

Что Вам нравится в людях?

Что Вы больше всего цените в человеке?

Какой характер должен быть у Вашего друга (Вашей подруги)?

Какие черты характера Вы хотели бы видеть у Вашей будущей жены
(Вашего будущего мужа)?

Почему мне так трудно даётся знакомство с девушкой?

Почему мне не хватает друзей?

Почему я тоскую по этой девушке?

Почему на меня не обращают внимания?

Кто я? Кто они?

Кто прав?

Кому доверять?

Известие о неожиданной смерти друга (подруги) глубоко потрясло нас.

Почему так случилось?

Почему именно К.?

Почему он сел за руль?

Почему мы его не смогли задержать?

Как рассказать мне , что я чувствую?

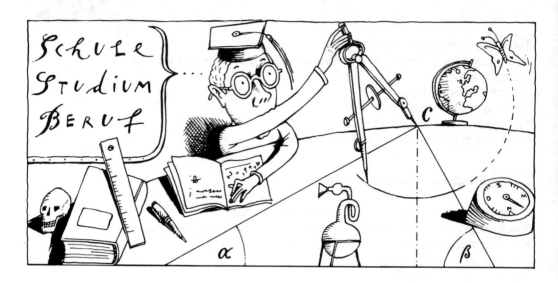

Schule, Studium, Beruf

Schule

43 Unterricht → 93

Ich gehe <u>aufs Gymnasium</u>.
  in die Realschule
	Я учусь <u>в гимназии</u>.
	  в реальной школе (это школа,
	  в которой дети учатся до десятого
	  класса)

Jetzt lerne ich in der 9. Klasse.

Сейчас я учусь в девятом классе.

Wir sind 26 Schüler, 13 Jungen und 13 Mädchen.

В нашем классе 26 учеников: 13 юношей и 13 девушек.

Unser Klassenlehrer unterrichtet Mathematik und Religion.

Наш классный руководитель преподаёт математику и религию.

Wir haben 33 Stunden in der Woche und meistens 7 Stunden am Tag.

У нас 33 урока в неделю, чаще всего 7 уроков в день.

Einmal im Schuljahr haben wir Projekttage.

Раз в год мы занимаемся проектами.

Einige Fächer machen mir besonders Spaß.

Некоторые предметы я особенно люблю.

Mir gefällt <u>Geographie</u>.
  Musik

Мне нравится <u>география</u>.
  музыка

Physik gefällt mir nicht, sie ist mir zu abstrakt.

Физика мне не нравится, это слишком абстрактная наука.

Chemie fällt mir (nicht) leicht.

Химия даётся мне (не)легко.

Biologie ist meiner Meinung nach <u>schwer</u>.

   interessant

<u>Klassenarbeiten</u> finde ich schrecklich.
  Hausaufgaben

Ich bin enttäuscht von meiner <u>Klausur</u>.

  Hausarbeit

Ich bin gut <u>in Französisch</u>.

  in Spanisch

<u>Die Eins</u> in Latein habe ich mir schwer
erkämpft.

  Die Zwei

Seit der 5. Klasse lerne ich als erste
Fremdsprache Englisch.

In der Sekundarstufe II wähle ich <u>als
Leistungskurs</u> Russisch.
  als Grundkurs

По-моему, биология – <u>трудный</u>
предмет.
  интересный

<u>Классные работы</u>, по-моему, ужасны.
  Домашние задания

Я разочарован(а) моей <u>контрольной
работой</u>.
  домашней работой

У меня хорошие отметки по <u>француз-
скому</u> языку.
  испанскому

<u>Единицу</u> по латинскому языку я
получил(а) с трудом. (Самая высокая
оценка в России – пятёрка.)
  Двойку

С пятого класса я учу английский как
первый иностранный язык.

В 11-13 классах я выберу курс
<u>продвинутого этапа по русскому языку</u>.
  с регулярным преподаванием
  русского языка

44 **Schulklima** → 43

In unserer Schule gibt es <u>eine große
Aula</u>.
  eine moderne Turnhalle
  super eingerichtete Fachräume

Die Räume und Korridore haben wir
selbst gestaltet.

Überall hängen Bilder aus dem
Zeichenunterricht.

Manchmal nervt mich die Schule.

Wie kommt es nur, daß manche von
uns gewalttätig sind?

Wenn meine Kinder mal zur Schule
gehen, dann wird vieles anders sein:

– dann gibt es in jeder Schule …

У нас в школе есть <u>большой
актовый зал</u>.
  современный спортзал
  прекрасно оборудованные кабинеты

Помещения и коридоры мы
оформляли сами.

Повсюду висят рисунки, что мы
сделали на уроках рисования.

Иногда школа действует мне на нервы.

Почему некоторые из
нас любят применять силу?

Когда мои дети пойдут в школу,
тогда многое изменится:

– тогда в каждой школе
будет / будут …

– dann gibt es neue Fächer, z.B. …

– dann wird mehr …

– dann wird weniger …

Beneiden werde ich meine Kinder vor allem darum, daß …

Sag uns deine Vorstellungen!

– тогда у учеников будут новые предметы, как например, …

– тогда больше …

– тогда меньше …

Я буду завидовать своим детям, прежде всего потому, что …

Расскажи нам, как ты это представляешь.

45　**Ereignisse** → 43, 146, 151

Nach Abschluß der Kl. 9 erhalte ich einen Hauptschulabschluß (bzw. qualifizierenden Hauptschulabschluß).

После 9-го класса я получу свидетельство об окончании основной школы-девятилетки (дающее право продолжить учёбу в реальной школе).

Am Ende der 10. Klasse haben wir Prüfungen.

В конце десятого класса у нас будут экзамены.

Nach Abschluß der Kl. 10 erhalte ich einen Realschulabschluß.

После 10-го класса я получу свидетельство об окончании школы-десятилетки, так называемой реальной школы.

Ich werde das Abitur machen, weil ich studieren will.

Я хочу получить аттестат зрелости, потому что собираюсь учиться дальше.

An unserer Schule werden Traditionen gepflegt.

У нас в школе хорошие традиции.

In jedem Schuljahr wird <u>das Frühlingsfest</u> gefeiert.
　　der Abiturball
　　der Fasching

В каждом учебном году проводится <u>весенний праздник</u>.
　　выпускной вечер
　　карнавал

Regelmäßig werden <u>Wandertage</u> organisiert.
　　Klassenfahrten
　　Sprachreisen

Регулярно проводятся <u>туристские походы</u>.
　　классные поездки
　　поездки за границу с целью изучения иностранного языка

In unserer Klasse beteiligen wir uns <u>an Spendenaufrufen</u>.
　　an Hilfsprogrammen

Наш класс принимает участие <u>в призывах пожертвовать деньги</u>.
　　во вспомогательных программах

Ein solches Programm ist: „Schüler helfen leben".

Одна из таких программ: "Ученики помогают жить".

Wir spenden <u>Geld und Bekleidung</u>.
   Spielzeug und Lebensmittel
	Мы жертвуем <u>деньги и одежду</u>.
	   игрушки и продукты

Wir hoffen, ein wenig die Not zu lindern.	Мы надеемся немного облегчить нужду.
Morgen gehe ich zum ersten Male zu einer Gerichtsverhandlung.	Завтра я в первый раз буду участвовать в судебном заседании.
M. aus unserer Klasse muß sich verantworten.	М. из нашего класса должен предстать перед судом.
Ich habe ein komisches Gefühl.	Мною овладевает странное чувство.
Es ist völlig offen, was er bekommen wird.	Совсем не ясно, каким будет приговор.
Wir sind verschiedener Meinung, wie wir ihm begegnen sollen.	Мы разного мнения, как его встретить.
Gestern hat unsere Klasse an einer Beerdigung teilgenommen.	Вчера наш класс был на похоронах.
Ein Mitschüler ist tödlich verunglückt.	Погиб соученик.
Es war schlimm.	Было страшно.
Ich habe sehr geweint.	Я очень плакал(а).

46   Zusätzlicher Wortschatz → 93 – 94

Abschlußzeugnis	свидетельство об окончании школы
Ethik	этика
Gesamtschule	общая школа
an einer Gesamtschule lernen	учиться в общей школе
Grundschule	начальная школа
die Grundschule besuchen	ходить в начальную школу
Gemeinschaftskunde	обществоведение
in Gemeinschaftskunde eine Note erhalten	получить / получать отметку по обществоведению
Hauptschule	основная школа
Hauswirtschaft	домоводство
Kunsterziehung	искусствоведение
Mittelschule	средняя школа (в Саксонии: школа-десятилетка)
die Mittelschule empfehlen	по/рекомендовать среднюю школу
Realschule	школа-десятилетка (так называемая реальная школа)
Religion	религия

Schulleiter	директор школы
unsere Schulleiterin achten	уважать нашу директрису
Sekundarstufe I	этап школьного обучения в Германии, продолжающийся обычно с пятого по десятый класс
Sekundarstufe II	этап школьного обучения в Германии, продолжающийся с одиннадцатого по двенадцатый или тринадцатый классы гимназии
Stundenplan	расписание уроков
den Stundenplan aufschreiben	записать / записывать расписание уроков
Verhalten	поведение
das Verhalten beurteilen	обсудить / обсуждать поведение
Zensuren *(In Rußland ist die Eins die schlechteste, die Fünf die beste Zensur.)*	отметки
Eins	единица
Zwei	двойка
Drei	тройка
Vier	четвёрка
Fünf	пятёрка
Sechs	шестёрка

47   **Как рассказать о школе** → 43 – 45, 93 – 94

Я учусь в …
У нас в школе есть …
В нашем классе …
Мне особенно нравятся … , потому что …
У меня хорошие отметки по …
С пятого класса я учу …
Я окончу гимназию в …
Я хочу сдать экзамены на аттестат зрелости, потому что …

Studium

48 **Studienfach** → 50 – 52

Ich studiere Fremdsprachen, weil ich <u>Lehrer</u> werden will.
   Dolmetscherin

Я изучаю иностранные языки, потому что хочу стать <u>учителем</u>.
   переводчицей

Ich habe <u>Betriebswirtschaft</u> belegt, weil ich in die Wirtschaft gehen will.

Я занимаюсь <u>экономикой предприятия</u>, потому что я хочу работать в народном хозяйстве.
   правом

   Jura

Ich freue mich auf mein <u>Germanistik-studium</u>.
   Medizinstudium

Я рад(а) <u>изучать германистику</u>.

   изучать медицину

Hoffentlich <u>falle ich nicht unter den Numerus clausus</u>.
   bestehe ich die Eignungsprüfung

Надеюсь, что <u>количественное ограничение не касается меня</u>.
   я сдам вступительные экзамены

Vor meinem Studium habe ich <u>im Krankenhaus</u> gearbeitet.
   auf dem Bau
   in einem Unternehmen

Перед учёбой я работал(а) <u>в больнице</u>.
   на стройке
   на предприятии

49 **Studienbetrieb** → 50 – 52

Nach dem Gymnasium bin ich <u>an die Hochschule</u> gegangen.
   an die Universität

Окончив гимназию, я поступил(а) <u>в вуз</u>.

   в университет

Ich studiere an der Fachhochschule, weil sie <u>einen guten Ruf hat</u>.

Я учусь в специализированном вузе, потому что он <u>пользуется хорошей репутацией</u>.

   in der Nähe des Wohnortes meiner Eltern ist

   находится недалеко от места жительства родителей

Ich bin im ersten Studienjahr, meine Freundin schon im zweiten.

Я студент первого курса, моя подруга учится на втором курсе.

Mir gefällt das Studium.

Мне нравится учёба.

Ich muß ganz schön arbeiten, um den Stoff zu schaffen.

Мне надо серьёзно заниматься, чтобы одолеть предмет.

<u>Vorlesungen</u> besuche ich regelmäßig.
   Seminare

Я регулярно посещаю <u>лекции</u>.
   семинары

Besonders gern gehe ich zu Übungen mit meinem Professor.

Особенно я люблю занятия со своим профессором.

Er lehrt Statik.   Он преподаёт статику.
  Biochemie   биохимию

Täglich sitze ich am Computer.   Ежедневно я сижу за компьютером.
  im Lesesaal   в читальном зале

Jetzt wohne ich im Studentenwohnheim.   Теперь я живу в общежитии.
  in einer WG   в общей студенческой квартире

Für das Zimmer muß ich 280 DM / Monat   За комнату я плачу 280 марок в месяц.
zahlen.

Ich lebe gern im Wohnheim, weil es   Мне нравится жить в общежитии,
billiger ist.   потому что это дешевле.
  ich unabhängig bin   я независим(а)
  ich Kommilitonen treffen kann   могу встречаться с товарищами
      по учёбе

Ich bekomme BAföG.   Я получаю во время учёбы кредит от
   государства, половину которого я
   должен (должна) вернуть после её
   окончания.

  Studiengeld von meinen Eltern   деньги от родителей

In den Semesterferien gehe ich   Во время студенческих каникул
arbeiten.   я работаю.
  fahre ich ins Ausland   езжу за границу

Ich jobbe als Kellner.   Я подрабатываю официантом.
  Bauhelfer   подсобным рабочим на стройке

50   **Perspektiven** → 56 – 57

Ich will mein Studium in fünf Jahren   Я хочу закончить учёбу за пять лет.
schaffen.

Ich hoffe, daß ich die Prüfung bestehe.   Надеюсь, что я сдам экзамен.
  das Praktikum abschließen kann   окончу практику

Gegen Ende des Studiums gehe ich   В конце учёбы я поеду на практику
zu einem Praktikum nach Japan.   в Японию.
  in die Staaten   в США

Im letzten Semester schreibe ich meine   В последнем семестре я буду
Diplomarbeit.   писать дипломную работу.
  wissenschaftliche Arbeit   научную работу

Nach dem Studium möchte ich   После учёбы я хотел(а) бы
promovieren.   защитить диссертацию.
  in der Forschung arbeiten   участвовать в научной работе

51   **Zusätzlicher Wortschatz** → 48 – 49, 59

Fachschule	среднее специальное учебное заведение
an einer Fachschule lernen	учиться в среднем специальном учебном заведении
Fakultät	факультет
sich an der Philologischen Fakultät einschreiben	записаться / записываться на филологический факультет
Fernstudium	заочное обучение
ein Fernstudium absolvieren	окончить / оканчивать заочное обучение
Mensa	столовая
in der Mensa Mittag essen	по/обедать в столовой
Sprachkurs	курс иностранного языка
einen Sprachkurs belegen	пройти / проходить курс иностранного языка

52   **Как рассказать о своей учёбе** → 48 – 49, 51, 59

Окончив гимназию, я поступил(а) в …
Я изучаю … , потому что я хочу …
Я студент(ка) … курса.
Учёба продолжается …
Меня интересуют лекции по …
В конце учёбы я прохожу практику в …
Теперь я живу в …
Во время студенческих каникул я …

Beruf

53   **Motiv** → 50, 53 – 57, 60

Nach der Schule möchte ich <u>Sekretärin</u> werden.	После окончания школы <u>я хотела бы стать секретаршей</u>.
Klempner	я хотел бы стать слесарем-сантехником
Von klein auf träume ich davon, <u>Fotomodell</u> zu werden.	С детства я мечтаю стать <u>фотомоделью</u>.
Designer	дизайнером
Mir gefällt an meinem Beruf vor allem, daß ich <u>kreativ</u> arbeiten kann.	В моей профессии мне нравится прежде всего возможность работать <u>творчески</u>.
selbständig	самостоятельно

Ich möchte durch meinen Beruf <u>viel Geld verdienen</u>.
   unabhängig sein
   ein angenehmes Leben führen

С помощью профессии я хочу <u>заработать много денег</u>.
   быть независимым
   вести приятный образ жизни

Fotograf ist mein Traumberuf.

Я мечтаю работать фотографом.

Ich bin Koch aus Leidenschaft.

Моя страсть – готовить.

Ich will Handwerker werden wie mein Vater.

Я хочу заниматься ремеслóм, как мой отец.

Handwerker werden immer gebraucht.

Людям всегда нужны ремесленники.

Handwerk hat goldenen Boden.

С ремеслом не пропадёшь.

54 Ausbildung → 48 – 49, 52

Für meinen Beruf ist es wichtig, <u>Fremdsprachen zu beherrschen</u>.
   mit Kommunikationstechnik umgehen zu können
   gute Nerven zu haben
   gerecht zu sein

Для моей профессии важно <u>владеть иностранными языками</u>.
   уметь работать с оргтехникой

   иметь крепкие нервы
   быть справедливым

Die Ausbildung dauert drei Jahre und wird an der Berufsschule und im Kaufhaus durchgeführt.

Обучение продолжается три года и проводится в профессиональной школе и в универмаге.

55 Stellen → 50, 53

Ich hoffe, daß <u>ich eine Stelle finde</u>.
   ich nicht arbeitslos werde
   ich Freude an meinem Beruf habe

Я надеюсь, что <u>найду работу</u>.
   не буду безработным
   моя профессия доставит мне радость

Nach der Lehre werde ich <u>in der Firma meines Vaters</u> arbeiten.
   im Salon „Figaro"

Окончив обучение, я буду работать <u>на фирме моего отца</u>.
   в салоне-парикмахерской "Фигаро"

Wenn ich mit der Lehre fertig bin, <u>gehe ich zum Bund (zur Bundeswehr)</u>.
   leiste ich meinen Zivildienst ab

После окончания обучения <u>я буду служить в армии</u>.
   я буду нести альтернативную гражданскую службу

56 **Zusätzlicher Wortschatz** → 50 – 51

Büro	бюро (офис)
im Büro arbeiten	работать в бюро (офисе)
Chef	начальник
sich dem Chef vorstellen	представиться / представляться
	начальнику
Kfz-Sachverständiger	эксперт по автомобилям
Manager	менеджер
eine Ausbildung als Manager beginnen	начинать учиться менеджменту

57 **Как рассказать о своей будущей профессии** → 50

После окончания школы я хочу стать …
Я выбрал(а) эту профессию, потому что …
Обучение продолжается … и проводится в …
Для моей будущей профессии важно владеть … ,
   уметь работать с … , иметь … , быть …
Окончив обучение, я буду работать в …
Я надеюсь, что …

Fragen zu Schule, Studium, Beruf

58 **Fragen zur Schule** → 43 – 47

В какой школе и в каком классе ты учишься?
Какие предметы ты любишь?
Какие предметы даются тебе нелегко и почему?
Какие отметки у тебя по иностранным языкам?
Когда ты окончишь гимназию?
Куда ты хочешь поступить после окончания гимназии?
Как проводятся школьные праздники?
Имеются ли в школе хор и кружки художественной само-
   деятельности?
Проводятся ли при школе встречи выпускников?
Проводятся ли в школе "проектные недели"?
Есть ли друзья у вашей школы в Германии или за рубежом?
Какую роль играет самоуправление?
Выпускаете ли вы школьную газету?
Почему школа носит это имя?
Какие исторические события связаны со школой?
Какие знаменитые люди были учениками в твоей школе?
Какая атмосфера в этой школе?
Есть ли в этой школе интересные традиции?
Устраиваются ли выпускные вечера?

Имеется ли при школе сельская школа-интернат?
Выезжают ли классы на экскурсии по Европе?
Хорошо ли работает ученический совет?
Проводится ли в вашей школе конкурс красоты, показ мод,
    конкурс "Лирика"?

59   **Fragen zum Studium** → 48 – 52

В каком университете Вы учитесь?
Что Вы изучаете? Почему?
На каком курсе Вы учитесь?
Сколько лет продолжается учёба?
Какие лекции и семинары Вас особенно интересуют?
Где Вы живёте во время учёбы?
Учёба Вам нравится?

60   **Fragen zum Beruf** → 53 – 57

Кем Вы мечтаете стать?
Кем Вы хотите стать после окончания школы?
Какая профессия Вам нравится и почему?
В какой профессии Вы надеетесь найти работу?
Сколько лет продолжается обучение и где оно проводится?
Что повлияло на выбор Вашей профессии?
Какие черты характера важны в Вашей профессии?

Gesundheit, Schönheit, Lebensstil

Gesundheit

61 **Kranksein, Unfall, AIDS** → 62 – 63

Ich mußte zwei Wochen zu Hause bleiben.	Две недели мне пришлось пробыть дома.
Es ging mir nicht gut.	Я чувствовал(а) себя плохо.
Es hatte mich ganz schön getroffen.	На меня свалилась какая-то напасть.
Mir war angst und bange.	Мне было страшно и жутко.
Ich lag zehn Tage im Bett.	Десять дней я лежал(а) в постели.
Gott sei Dank, bin ich wieder gesund.	Слава Богу, я выздоровел(а).
Meine Grippe ist überstanden.	Я перенёс (перенесла) грипп.
Mein gebrochenes Bein ist wieder in Ordnung.	Моя нога срослась.
Die Mittelohrentzündung habe ich überstanden.	Воспаление среднего уха у меня прошло.
Mein Freund hatte einen schlimmen Unfall.	С моим другом произошёл несчастный случай.

Sie hat <u>noch ihren Arm in Gips</u>.
  einen Rückfall erlitten
	У неё <u>рука ещё в гипсе</u>.
	  был рецидив.

Wir nehmen AIDS ernst.	СПИД мы воспринимаем всерьёз.
Wir schützen uns vor AIDS.	Мы предохраняемся от СПИДа.

Allergie	аллергия
eine Pollenallergie haben	иметь аллергию на пыльцу
Angst	страх
Angst vor der Operation haben	испытать / испытывать страх перед операцией
die Angst besiegen	победить / побеждать страх
aus Angst … ; vor Angst …	из страха … ; от страха …
Augensalbe	глазная мазь
Bauchschmerzen	боли в животе
Behinderter	инвалид
geistig Behinderter	умственно отсталый человек
körperlich Behinderter	человек с физическими недостатками
Bettruhe	постельный режим
Bettruhe verordnen	назначить / назначать постельный режим
Blinddarmentzündung	воспаление слепой кишки (аппендицит)
Drogen	наркотики
jemanden über Drogen aufklären	просветить / просвещать кого-либо о действии наркотиков
mit Drogen die Gesundheit ruinieren	разрушить / разрушать здоровье наркотиками
Fuß	нога
sich den Fuß verletzen	повредить / повреждать ногу
Gehirnerschütterung	сотрясение мозга
Halsschmerzen	боль в горле
Heuschnupfen	аллергический насморк
Husten	кашель
Impfung	прививка
das Kind impfen	с/делать ребёнку прививку
Invalide (durch den Krieg)	инвалид (войны)
Kondome	презервативы
Kondome verwenden	пользоваться презервативами
Kopfschmerz	головная боль
Kopfschmerztabletten	таблетки от головной боли
Lungenentzündung	воспаление лёгких
an Lungenentzündung erkranken	заболеть / заболевать воспалением лёгких
Masern	корь
die Masern haben	болеть корью
Medikament	лекарство
Medikament einnehmen	принять / принимать лекарство
Nasentropfen	капли в нос
Ohrenschmerzen	боль в ушах (ушная болезнь)

Rollstuhl (mit Elektromotor)	инвалидная (электрическая) коляска
im Rollstuhl fahren	ездить в инвалидной коляске
im Rollstuhl sitzen	сидеть в инвалидной коляске
Röteln	краснуха
Scharlach	скарлатина
Schmerzen	боли
Schmerzen aushalten	вынести / выносить боли
Sonnenschutzmittel	средство для профилактики солнечных ожогов
Verbrennung	ожог
Vergiftung	отравление
Verrenkung	вывих
sich den Arm verrenken	вывихнуть себе руку
Verstauchung	растяжение
sich den Fuß verstauchen	растянуть / растягивать себе ногу
Windpocken	ветряная оспа (ветрянка)

63 **Как рассказать о состоянии здоровья** → 61 – 62, 70

… здоров(а); … нездоров(а); я чувствую себя …
… (не) часто болею, но иногда …
У меня болит … Я не боюсь идти к врачу, потому что …
… ушибся (ушиблась).
Когда … я простудился (простудилась).
Мне надо пойти …
Три раза в день …
… выздоровел(а) и …

Schönheit

64 **Mode, Kosmetik, Frisur** → 65 – 66

Mode ist (k)eine Geschmackssache.	Мода – (не) дело вкуса.
Zur Zeit ist alles modern.	Сейчас всё в моде.
sind Pastellfarben modern	модны пастельные тона
sind Pelzmäntel aus der Mode	шубы вышли из моды
Das Aussehen ist schon wichtig.	Внешний вид весьма важен.
kann Aufmerksamkeit hervorrufen	может вызвать внимание
kann Ablehnung provozieren	может оттолкнуть
Um schön zu sein, sollte man sich pflegen.	Чтобы быть красивой (красивым), нужно ухаживать за собой.
sich gesund ernähren	есть здоровую пищу
sich geschmackvoll schminken	подкрашиваться со вкусом

Ich habe etwas für Kosmetik und
Modeschmuck übrig.

Я люблю косметику и бижутерию.

Ich ziehe mich gern <u>flott</u> an.
   sportlich

Я люблю <u>модно</u> одеваться.
   спортивно

Jeder sollte nur das anziehen, was ihm
steht.

Каждому следовало бы надевать то,
что ему идёт.

Mir stehen Jeans besonders gut.

Мне особенно идут джинсы.

Kleider machen Leute (aber eben
nicht nur).

По одёжке встречают (по уму
провожают).

Ich kann keine <u>altmodischen Frisuren</u>
leiden.
   Modepuppen
   Schmutzfinken

Я терпеть не могу <u>старомодные
причёски</u>.
   модниц
   грязнуль

Ich mag nicht, wenn sich jemand
zu sehr schminkt.

Не терплю, если кто-то сильно
красится.

Man sollte sich Zeit für sein Äußeres
nehmen.

Не следует жалеть времени на
заботу о внешности.

Ich warte schon auf den Sommerschluß-
verkauf, da fallen immer die Preise.

Я уже жду летней распродажи, когда
цены заметно снизятся.

65 Zusätzlicher Wortschatz → 64, 71

Bekleidung

Baseballmütze	бейсбольная кепка
Bermudas	бермуды
Body	трикотажный нижний комбинезон
Hosenrock	юбка-брюки
Hosenträger	подтяжки
Jogging-Anzug	костюм для джоггинга
Kapuzenshirt	тишотка с капюшоном
Leggings	леггинсы, лосины
Sweatshirt	хлопчатобумажный пуловер

Haarpflege

Fönfrisur	причёска, уложенная феном
Glatze	лысина
Haargel	гель для волос
Haarreifen	ободок для волос
Igelschnitt	стрижка волос ёжиком
Punkfrisur	причёска под панка

Kosmetikartikel

Deo-Spray	дезодорант
Kajal-Stift	контурный карандаш
Lidschatten	тени
Lippenstift	помада
Lotion	лосьон
Nagellack	лак для ногтей
Rouge	румяна
Wimpernspirale	спираль для ресниц

66 **Как выразить своё отношение к красоте** → 63 – 64

Я придаю … значение (я не придаю значения) внешнему виду, …
Я задаю себе вопрос: как стать красивой, как стать … ,
    как раскрыть тайны косметологии, китайской медицины …
Я люблю наносить маски, а именно …
Я предпочитаю творожную маску, дрожжевую, маску из майонеза,
    медово-лимонную …
Прежде чем браться за косметику, надо …
    … надо определить тип кожи.
Для жирной кожи я рекомендую …
Если кожа сухая, …
Кроме того, я люблю делать массаж после …
Перед тем как начать массаж …
Необходимо вымыть лицо, шею …
Сначала массируют кожу вокруг глаз, потом …
Интересно изучать массаж по методу …
Верю в силу биомагнетизма, похудел(а) уже на … кг.
Благодаря моему положительному отношению к косметике, к кули-
    нарии, к моде … я стал(а) жизнерадостным и … человеком.

Lebensstil

67 **Selbstbewußtsein, Liebe, Sekten** → 34, 164, 167, 170, 173

Jeder sollte <u>seinen eigenen Stil finden</u>. | Каждому следует <u>найти свой</u> <u>собственный стиль</u>.
    wissen, was er will | знать, чего он хочет

Die Lebensweise hat auch etwas <u>mit der Erziehung</u> zu tun. | Образ жизни чем-то связан <u>с воспитанием</u>.
    mit den Idealen | с идеалами

Seit ich <u>am Gymnasium bin</u>, fühle ich mich großartig. | С тех пор как я <u>учусь в гимназии</u>, чувствую себя великолепно.
    an der Uni studiere | учусь в университете

als Au-Pair arbeite	работаю → 214 (7)
in Spanien war	побывал(а) в Испании

Man muß auch mal die Welt gesehen haben. — Надо ведь и мир посмотреть.

Mein Selbstbewußtsein ist gewachsen. — Повысилось чувство уверенности в себе.

Meine Chancen sind gestiegen. — Мои шансы возросли.

Meine Berufschancen sind gestiegen. — Мои профессиональные возможности выросли.

Ich fühle mich in meiner Haut wohl. — Чувствую гармонию с самим собой.

Ich fühle mich als Gleicher unter Gleichen. — Я чувствую себя равным среди равных.

Ich fühle mich von meinen Arbeitskollegen akzeptiert. — Чувствую, что коллеги считаются со мной.

Die Enttäuschung über meinen Freund sitzt noch tief. — Разочарование в друге ещё глубоко сидит во мне.

Der Mißerfolg bedrückt mich sehr. — Неудача меня очень удручает.

Eine neue Liebe ist wie ein neues Leben. — Новая любовь – как новая жизнь.

Nach dem Studium denke ich langsam ans Heiraten. — После учёбы я начну думать о женитьбе.
   an eigene Kinder —   о детях

Ich bleibe ein Single. — Я останусь холостым (незамужней).

Hauptsache ist, ich versauere nicht. — Главное – не скиснуть.
   meine Träume gehen in Erfüllung —   чтобы сбылись мои мечты
   ich mache schnell Karriere —   быстро сделать карьеру
   vor Problemen nicht zu resignieren —   не отступать перед проблемами

Geld reizt mich nicht, aber es beruhigt. — Деньги меня не привлекают, но с ними спокойнее.

Ich strebe nicht nach Luxus und Konsum. — Я не стремлюсь к роскоши и тряпкам.
   Anerkennung und Ruhm —   к признанию и славе

Ich bin für Gleichberechtigung. — Я за равноправие.
   lebensbejahend —   → 214 (10)

Mein Freund ist Mitglied einer Sekte. — Мой друг – член секты.

Er versteht nicht, warum ich mit Sekten nichts zu tun haben will. — Он не понимает, почему я не хочу иметь ничего общего с сектами.

Meines Erachtens machen Sekten psychisch abhängig. — По моему, секты делают человека психически зависимым.

68 **Zusätzlicher Wortschatz** → 18, 29

Aussteiger	человек, который решил изменить свою жизнь, жить совсем по-другому
Choleriker	холерик
Feldblumenstrauß-Lebensstil	→ 214 (2)
Grufti	→ 214 (6)
Homosexueller	гомосексуалист
Homosexuelle verstehen	понять / понимать гомосексуалистов
Lesbe	лесбиянка
Lesben und Schwule nicht ausgrenzen	не отвергать лесбиянок и гомо-сексуалистов
Liebe	любовь
Liebe auf den ersten Blick	любовь с первого взгляда
Macho	мачо́
Melancholiker	меланхолик
Phlegmatiker	флегматик
Rache-Shopping (Frustkauf)	→ 214 (9)
Sanguiniker	сангвиник
Sex	секс
über Sex reden	говорить о сексе
Skinhead	бритоголовый
mit Skins reden	говорить с бритоголовыми
Spießer	обыватель (мещанин)
Temperament	темперамент
eine Frage des Temperaments	вопрос темперамента
Tierkreis	зодиак
Tierkreiszeichen	знак зодиака
Weltenbummler	скитающийся по свету
Yuppie	→ 214 (8)

69 **Как выразить своё мнение об образе жизни** → 18, 29

Образ жизни – это ...
Точка зрения – "личное дело", по-моему, ...
Что касается проблемы сект, например , ...
Я (не) того мнения, что 'угон автомашин', 'наркотики',
   'кража в универмагах и магазинах', 'насилие в школах',
   'тайные авто- и мотогонки' ...
Для меня в жизни важны друзья, любовь, путешествия, карьера ...
Я в первую очередь думаю о деньгах, потом о ... , затем о ... ,
   после этого о ... и в конце о ...

Fragen zu Gesundheit, Schönheit, Lebensstil

70   **Fragen zur Gesundheit** → 61 – 63

Ты поправился (поправилась) от своей ангины?
Тебе ещё раз надо сходить к врачу?
Знаешь ли ты альтернативную медицину?
Знакома ли ты с цветотерапией?
Почему ты читаешь книги по эзотерике?

71   **Fragen zur Schönheit** → 64 – 66

Ты думаешь, что есть только внешняя красота?
Обращаешь ли ты внимание на внешний вид человека?
Что у Вас в этом году в моде?
Ты интересуешься конкурсами красоты?
Ты, наверное, слышал(а) о том, что, когда выбирают "Мисс …",
    претендентки должны пройти несколько туров, таких, например,
    как умение подать себя, сочинение короткой заметки из
    заданных слов, исполнение песни, походка и артистичность,
    эстетика тела … ?
Сколько раз в месяц ты ходишь в парикмахерскую?
Каков твой тип?

72   **Fragen zum Lebensstil** → 67 – 68

Какие у тебя представления о твоём будущем спутнике?
Ты веришь в большую любовь?
Как ты думаешь, актуален ли ещё девиз: Скажи мне, какие книги
    ты читаешь, и я тебе скажу, кто ты?
Как ты поступаешь? Подаёшь ли ты нищим (Bettlern)?
Смелый (смелая) ли ты?
Спрашиваешь ли ты своих родителей, почему им так трудно
    пользоваться общественным транспортом, отказаться от
    собственной автомашины?
Согласен (согласна) ли ты с моим мнением, что никто не может
    сказать, что он наконец-то нашёл свой образ жизни?
Что ты думаешь о смерти?
В чём ты видишь смысл жизни?

Freizeit, Ferien, Ferienreise

Freizeit

73 **Interessen** → 122, 136, 160

Ich habe wenig Freizeit.	У меня мало свободного времени.
Die Freizeit verbringe ich mit meinen Freunden.	Я провожу свободное время вместе с друзьями.

Ich habe <u>ein interessantes Hobby</u>.
    viele Hobbys
	У меня <u>интересное хобби</u>.
	    много хобби

In der Freizeit <u>treibe ich Sport</u>.	В свободное время <u>я занимаюсь спортом</u>.

nehme ich Videos auf
    gehe ich arbeiten
	я снимаю видеофильмы
	    я работаю

Am Wochenende <u>gehe ich in die Disco</u>.
    schlafe ich bis Mittag
	По выходным <u>я хожу на дискотеку</u>.
	    я сплю до обеда

Ich liege auf der Couch und <u>lese Zeitungen</u>.
    höre Musik
	Я лежу на диване и <u>читаю газеты</u>.
	    слушаю музыку

Mich interessieren Computerspiele, Fernsehen und Videos.	Меня интересуют компьютерные игры, телевидение и видеофильмы.

Im Sommer <u>gehen wir baden</u>.
    helfen wir den Eltern bei der Ernte
 	
    laufen wir Rollschuh
	Летом <u>мы купаемся</u>.
	    мы помогаем родителям убирать урожай
	    мы катаемся на роликах

Im Winter <u>bauen wir einen Schneemann</u>.
wandern wir durch den verschneiten Wald
sind wir beim Snowboarding

Зимой <u>мы лепим снежную бабу</u>.
мы гуляем по заснежённому лесу

мы занимаемся скейтингом на снегу

Im Herbst <u>lassen wir Drachen steigen</u>.
gehen wir Pilze sammeln
pflücken wir einen bunten Herbststrauß

Осенью <u>мы запускаем змея</u>.
мы ходим за грибами
мы собираем яркий осенний букет

Manchmal <u>gehe ich bummeln</u>.
mache ich überhaupt nichts

Иногда <u>я брожу по городу</u>.
я совсем ничего не делаю

Oft ist <u>in der Schule</u> etwas los.

im Verein
in der Kirche

Часто <u>в школе</u> проводятся мероприятия.
в клубе
в церкви

Rockmusik gefällt mir.

Рок мне нравится.

Ich begeistere mich für Jazz.

Я восхищаюсь джазом.

Ich interessiere mich für den Reitsport.

Я интересуюсь конным спортом.

Meine Interessen sind: Disco, Fußball und Fremdsprachen.

Мои интересы: диско, футбол, и иностранные языки.

74 **Briefwechsel** → 234 – 240

Ich habe viele Brieffreunde.

Я переписываюсь со многими друзьями.

Ich schreibe ihnen in <u>Russisch und Französisch</u>.
Russisch und Spanisch
Russisch und Englisch

Я им пишу <u>по-русски и по-французски</u>.
по-русски и по-испански
по-русски и по-английски

Briefwechsel bedeutet mir viel.

Переписка для меня много значит.

Ich freue mich jedes Mal, wenn ich Post kriege.

Каждый раз я очень радуюсь, получая почту.

75 **Verein** → 29, 77

Ich bin oft im Klub.

Я часто бываю в клубе.

Ich gehe oft in den Wald.

Я часто хожу в лес.

Ich fahre oft in die Berge.

Я часто езжу в горы.

<u>Im Schwimmbad</u> bin ich ziemlich oft.
Auf dem Tennisplatz

Я довольно часто бываю <u>в бассейне</u>.
на теннисном корте

Am besten gefällt es mir, wenn ich <u>mit meinen Freunden zusammen</u> bin.	Больше всего мне нравится проводить время <u>с друзьями</u>.
im Jugendzentrum	в молодёжном центре
draußen	на воздухе
Manchmal gehe ich auf den Rummel.	Иногда я хожу в парк с аттракционами.

В нашей деревне есть следующие объединения:

Alpenverein	клуб альпинистов
Anglerverband	общество рыболовов-любителей
Behindertenverband	объединение людей с умственными или физическими недостатками
DRK	Немецкое общество Красного Креста
Freiwillige Feuerwehr	добровольная пожарная команда
… e.V. (eingetragener Verein)	… зарегистрированное общество
Gartenverein „ … " e.V.	Товарищество садоводов-любителей " …" (зарегистрированное общество)
Gesangsverein	певческое общество
Kirchenchor	церковный хор
Naturschutzbund	общество охраны природы
Schützenverein	общество стрелков
Sportverein	спортивное общество
Tierschutzvereinigung	общество защиты животных
Turnverein	гимнастическое общество
Wanderverband	общество туристов

76 **Как рассказать о работе в объединении / в обществе / в союзе …** → 75

… член зарегистрированного объединения
… называется …
… было основано в …
Это объединение содействия развитию …
Устав был принят …
Мы выбирали председателя, казначея, представителя
    нашего объединения …
Я плачу членские взносы за месяц в размере …
Мы собираемся … раз(а) в …

Место наших встреч – это …
По нашему плану мероприятий …
Наше знамя – это …
Наша эмблема – это …
В прошлом году мы …
Последний бал … На балу …
Всё объединение провело экскурсию в …

77 Sport → 61

Ich gehe zweimal in der Woche
schwimmen.
    Tennis spielen

Два раза в неделю <u>я хожу плавать</u>.

    я играю в теннис

Sport hilft mir, fit zu bleiben.

Спорт помогает мне сохранить форму.

Fast jedesmal nach dem Sport <u>bin ich
kaputt</u>.
    habe ich Muskelkater
    kann ich mich kaum bewegen

Почти всегда после занятий спортом
<u>я страшно устаю</u>.
    у меня болят все мышцы
    я с трудом двигаюсь

Man braucht ein gutes Training, es reicht
nicht, <u>die Taucherbrille aufzusetzen</u>.
    die Flossen anzuziehen
    die Rollschuhe anzuziehen
    den Fallschirm umzuschnallen

Нужна хорошая тренировка, недоста-
точно <u>надеть маску аквалангиста</u>.
    надеть ласты
    надеть роликовые коньки
    надеть парашют

Mein Freund ist kein Sportler, auch wenn
er ein großer Fußballfan ist.

Мой друг не спортсмен, хотя он и
страстный болельщик футбола.

Mein Vater ist ein begeisterter Angler.

Мой отец заядлый рыболов.

So oft ich kann, gehe ich ins Stadion,
um <u>beim Fußball</u> dabei zu sein.
    bei der Leichtathletik

При любой возможности я
хожу <u>на футбол</u>.
    на соревнования по лёгкой атлетике

Ich kann die fanatischen Anhänger
nicht ertragen.

Я ненавижу фанатов-болельщиков.

Das letzte Spiel war so unfair, daß der
Schiedsrichter <u>einem Spieler die rote
Karte zeigen</u> mußte.
    zwei Sportler disqualifizieren

Последний матч был таким ожесто-
чённым, что судье пришлось <u>показать
одному игроку красную карточку</u>.
    дисквалифицировать двух спортс-
    менов

Unihoc wird in der Halle gespielt und ist
eine Art Hockey.

В унихок играют в гимнастических
залах, он представляет собой вид
хоккея.

American Football	американский футбол
Bergsteigen	альпинизм
Ausdauer für Bergsteigen haben	иметь выносливость для занятий альпинизмом
Boxen	бокс
Brustschwimmen	плавание стилем брасс
Brustschwimmen trainieren	заниматься плаванием в стиле брасс
Bungeespringen	прыжок с высоты, будучи привязанным (привязанной) на резиновом канате (Gummiseil)
Eisangeln	подлёдный лов рыбы
Eishockey	хоккей с шайбой
Eiskunstlauf	фигурное катание
Fechten	фехтование
Foul	нарушение правил
ein Foul begehen	нарушить / нарушать правила
Gleitschirm fliegen	летать на параплане
(Asiatischer) Kampfsport	вид боевого спорта (азиатского происхождения)
Kugelstoßen	толкание ядра
Muskeln	мускулы
die Muskeln spielen lassen	играть мускулами
Rodeln	катание на санках
Rudern	гребля
Schlittschuhlaufen	катание на коньках
Skateboardfahren	катание на скейтборде
Skilaufen	хождение на лыжах
Speerwerfen	метание копья
Strafstoß	штрафной удар
ein Tor durch Strafstoß erzielen	забить гол со штрафного удара
Surfen	сёрфинг
Tai-Chi (eine meditative Heilgymnastik)	тай-чи
Tauchen	ныряние
Wasserskifahren	катание на водных лыжах
Weitsprung	прыжки в длину

Спорт – это для меня …
Поэтому я …
Я хорошо могу понять тех, кто …
Когда я … , я испытываю чувство радости и …

Воля, стремление к цели, мужество, чувство товарищества,
    и … – это те качества у спортсменов, которыми я восхищаюсь.
"Большой спорт" я считаю …
Мой идеал …
На первом месте, если говорить о спорте, …
Не знаю, что лучше для здоровья: заниматься или
    не заниматься спортом.
Я уже выбрал(а) свой вид спорта: …

80 Spiele → 73, 77, 81

Hin und wieder spielen wir, um uns zu entspannen, eine Partie Schach.
    eine Runde Skat

Время от времени мы играем партию в шахматы для развлечения.
    в скат

Es macht Spaß, weil man nachdenken muß.

Это доставляет удовольствие, ведь нужно думать.

Das Spiel ist spannend.

Игра увлекательная.

Glücksspiele liegen mir nicht.
    Brettspiele

Я не люблю азартные игры.
    игры на досках

Ich meine, Spielautomaten sind gefährlich.

По-моему, игровые автоматы опасны.

In letzter Zeit sitze ich viel am Computer.

В последнее время я часто сижу за компьютером.

Ich bin ein richtiger Freak geworden.

Я стал(а) настоящим фанатом.

Computerspiele gibt es für jedes Alter.

Существуют компьютерные игры для любого возраста.

    für jeden Geschmack

    на любой вкус

81 Zusätzlicher Wortschatz → 75, 78

Action-Spiele	игры-приключения
Denkspiele	содержательные игры
Fantasie-Spiele	игры-фантазии
Gameboy	→ 214 (4)
Geschicklichkeitsspiele	игры на ловкость
Kartenspiele	карточные игры
Kino-Quiz	кино-викторина
Kreuzworträtsel	кроссворд
Memory	игра на тренировку памяти
Puzzle	разрезная картинка-головоломка
Würfelspiel	игра в кости
Zauberspiele	игры-фокусы

82 **Как рассказать о своём отношении к играм** → 80 – 81

Я (не) люблю играть в …
Моя любимая игра – …
Со мной играют в … моя сестра, мой …
Иногда я начинаю нервничать и …
Играем (не) просто так.
Победитель получает в качестве приза …
Я не люблю технические игры, но зато …

… und ein paar Wortspielereien mit dem Spiel

Spiel mit dem Feuer	игра с огнём
aufs Spiel setzen	ставить на карту …
ein falsches Spiel treiben	вести нечестную игру …
(ein) leichtes Spiel haben	без труда справиться
ein gewagtes Spiel treiben	вести рискованную игру
ein doppeltes Spiel spielen	вести двойную игру
das Spiel zu weit treiben	заходить слишком далеко
das Spiel durchschauen	разгадывать игру
jemandes Spiel verderben	расстроить чьи-либо планы

83 **Sammlungen** → 73, 237

Schon immer sammle ich <u>Briefmarken</u>.
  Steine
  Poster

Я давно собираю <u>почтовые марки</u>.
  камни
  плакаты

Meine Schwester sammelt Ansichtskarten und auch <u>Münzen</u>.
  Plüschtiere
  Stadtpläne

Моя сестра собирает открытки с видами, а также <u>монеты</u>.
  плюшевые игрушки
  планы городов

Mein Opa sammelt Taschenuhren, meine Oma schöne Tassen.

Мой дедушка собирает карманные часы, моя бабушка – красивые чашки.

Mein Bruder sammelt alles vom FC …

Мой брат собирает всё, что связано с футбольным клубом …

Ich sammle nicht nur Bücher, sondern ich tausche auch.

Я не только собираю книги, но и обмениваюсь ими.

In unserer Klasse gibt es sehr unterschiedliche Meinungen über Sammelleidenschaft.

В нашем классе по-разному относятся к коллекционированию.

Ich halte (nicht) viel davon, etwas zu sammeln.

Я (не) считаю нужным что-то собирать.

84 **Zusätzlicher Wortschatz** → 73, 117

Äffchen	обезьянки
Aufkleber	наклейки
Autogramme	автографы
Comics	комиксы
Fotos von Filmschauspielerinnen	фотографии киноактрис
Kaffemühlen	кофемолки
Löffel	ложки
Mäuse jeglicher Art	мыши всякого рода
Poesiealben	альбомы для стихов
Puppen	куклы
Spielzeugautos	игрушечные автомобили
Trödel	всякая всячина

85 **Kochen, Backen** → 113

Ich helfe meiner Mutter oft in der Küche. Я часто помогаю маме на кухне.

Ich koche und backe gern. Я люблю готовить и печь.

Sonntags koche ich das Mittagessen. По воскресеньям я готовлю обед.

Mein Lieblingsessen ist <u>Spaghetti</u>. Моё любимое блюдо – <u>спагетти</u>.
  Fisch   рыба

Ich esse gern <u>Hamburger</u>. Я люблю (кушать) <u>гамбургеры</u>.
  Hühnchen mit Reis   курицу с рисом

Sonnabends backe ich <u>Kuchen</u>. По субботам я пеку <u>сладкие пироги</u>.
  Pizza   пиццу

Ich sammle Rezepte der <u>russischen</u> Küche. Я собираю рецепты <u>русских</u> блюд.
  chinesischen   китайских

Es macht mir Spaß, in Kochbüchern Я с удовольствием листаю
zu blättern. кулинарные книги.

86 **Zusätzlicher Wortschatz** → 113

Brot schneiden	нарезать хлеба, резать хлеб
Eier braten	пожарить / жарить яйца
Geschirr abwaschen	вымыть / мыть посуду
Kartoffeln schälen	почистить / чистить картофель
Milch eingießen	налить / наливать молоко
Tisch decken	накрыть / накрывать на стол
Tisch abräumen	убрать / убирать со стола
Zitrone auspressen	выжать / выжимать лимон

87 Garten → 21

Wir haben <u>einen großen Garten</u>.
  nur einen kleinen Vorgarten
  einen Gemüsegarten

У нас <u>большой сад</u>.
  только небольшой палисадник
  огород

Besonders im Frühjahr und im Herbst
gibt es viel zu tun.

Особенно много работы весной
и осенью.

Ich habe ein eigenes Beet.

У меня своя грядка.

Ich muß beim Gießen, Jäten und Ernten
helfen.

Я должен (должна) помогать
в поливке, прополке и уборке урожая.

Wir haben Erdbeeren, <u>Bohnen und
Gurken</u> im Garten.
  Apfelbäume und Birnbäume

У нас растут клубника, <u>фасоль и
огурцы</u>.
  яблони и груши

Außerdem stecken wir Kartoffeln.

Кроме того, мы выращиваем
картофель.

Es macht mir <u>mal mehr, mal weniger</u> Spaß.

Иногда мне это <u>доставляет больше
удовольствия, иногда – меньше.</u>

  manchmal keinen

не доставляет удовольствия

88 Zusätzlicher Wortschatz → 73

Aster	астра
Azalee	азалия
Dahlie	георгин
Flieder	сирень
Geranie	герань
Gladiole	гладиолус
Lilie	лилия
Nelke	гвоздика
Orchidee	орхидея
Rose	роза
Tulpe	тюльпан
Veilchen	фиалка
Vergißmeinnicht	незабудка

89 Tiere → 109

Schon immer wollte ich einen Hund haben.

Я всегда хотел(а) иметь собаку.

Endlich konnte ich meine Eltern überreden.

Наконец-то я смог(ла) уговорить
своих родителей.

Mein Hund ist mein bester Freund.

Моя собака – мой лучший друг.

Er ist mir treu.	Она мне верна.
Er ist immer für mich da.	Она всегда внимательна ко мне.
Wir sind unzertrennlich.	Мы неразлучны.
Wir beide gehen durch dick und dünn.	Друг за друга мы пойдём в огонь и в воду.
Wir verstehen uns prima.	Мы прекрасно понимаем друг друга.
Bisher hatte ich nur ein Aquarium.	До сих пор у меня был только аквариум.
Meine Freundin hat ein niedliches Kätzchen, aber das wäre nichts für mich.	У моей подруги есть чудесная киска, но это не для меня.
Viele Tiere sind vom Aussterben bedroht.	Многим животным грозит вымирание.

90   Zusätzlicher Wortschatz → 165

Futter	корм
täglich füttern	ежедневно кормить
Hamster	хомяк
Kanarienvogel	канарейка
Meerschweinchen	морская свинка
Schildkröte	черепаха
Schlange	змея
Tierversuche	эксперименты на животных
Tierversuche verabscheuen	ненавидеть эксперименты на животных
Tierschutzverein	Общество защиты животных
Wellensittich	волнистый попугайчик

91   Naturwissenschaft, Technik → 43

Technik interessiert mich (nicht).	Техника меня (не) интересует.
Elektronik	Электроника
Wasserkraft	Гидроэнергия
Windenergie	Энергия ветра
Ich bastle gern und interessiere mich für Modellbau.	Я люблю мастерить и интересуюсь моделизмом.
Wir bauen Modelle von Segelflugzeugen.	Мы делаем модели планёров.
von Motorbooten	моторных лодок
Die ganze freie Zeit bastle ich an meinem Motorrad.	Всё свободное время я занимаюсь своим мотоциклом.
an meinem Moped	своим мопедом

Mein Hobby ist <u>das Flugwesen</u>.
    die Astronomie
    die Raumfahrt
	Моё хобби – <u>авиация</u>.
	    астрономия
	    космонавтика

Ich interessiere mich für Funk und Fernsehen.	Я интересуюсь радио и телевидением.

Wir nehmen an einem Lehrgang <u>für Amateurfunk</u> teil.
    für Segelflug
	Мы ходим на курсы <u>радиолюбителей</u>.
	
	    планёрного спорта

Ich nutze den Computer auch für die Schule.	Я использую компьютер и для школьных заданий.

92   **Zusätzlicher Wortschatz** → 73, 91

Außerirdischer	инопланетянин
Drucker	принтер
Erdumlaufbahn	околоземная орбита
Fernsteuerung	телеуправление
Festkörperphysik	физика твёрдого тела
Fliegende Untertasse	летающая тарелка
Fototechnik	фототехника
Galaxis	галактика
Mobilfunk	мобильный телефон
Modelleisenbahn	миниатюрная железная дорога
Raketentechnik	ракетная техника
Raumschiff	космический корабль
Satellitenfernsehen	спутниковое телевидение
Sternbild	созвездие

Ferien

93   **Ferienanlässe** → 43, 95

Wir haben Osterferien, Pfingstferien, Sommerferien, Herbstferien und Weihnachtsferien.	У нас бывают пасхальные каникулы, свободные дни на Троицу, летние, осенние, а также рождественские каникулы.
Zwischendurch gibt es noch ein paar freie Tage.	Время от времени выдаётся несколько свободных дней.
Einige freie Tage sind kirchliche Feiertage.	Среди выходных дней несколько церковных праздников.
Der 3. Oktober wird als Tag der deutschen Einheit begangen.	3 октября отмечается как День единства Германии.

94 Ferienbeginn, Feriendauer → 43, 151

In jedem Bundesland sind die Ferien unterschiedlich.	Каникулы в федеральных землях начинаются в разное время.
In diesem Jahr beginnt das Schuljahr bei uns im August und endet im Juni.	В этом году учебный год начинается у нас в августе и кончается в июне.
Die Osterferien dauern etwa zehn Tage, die Sommerferien etwa fünf Wochen.	Пасхальные каникулы продолжаются десять дней, летние каникулы – около пяти недель.
Die Winterferien beginnen Mitte Februar und enden Anfang März.	Зимние каникулы начинаются в середине февраля и кончаются в начале марта.

Ferienreise

95 Ferienreise → 96

In den Ferien war ich <u>in Bayern</u>. 　in Hamburg 　in der Toskana	Во время каникул я был(а) <u>в Баварии</u>. 　в Гамбурге 　в Тоскане
Wir haben mit der Klasse eine Reise <u>durch Frankreich</u> gemacht. 　durch die Schweiz	Вместе с классом мы совершили туристическую поездку <u>по Франции</u>. 　по Швейцарии
Unsere Bekannten <u>aus der Bretagne</u> hatten uns eingeladen. 　aus Birmingham	Нас пригласили наши знакомые, <u>которые живут в Бретани</u>. 　из Бирмингема
Über Ostern fahren wir <u>nach Amsterdam</u>. 　nach Stockholm	На Пасху мы поедем <u>в Амстердам</u>. 　в Стокгольм
Im Juni fahren wir <u>an den Gardasee</u>. 　in die Jugendherberge	В июне месяце мы поедем <u>на озеро Гарда</u>. 　на турбазу
Zu Pfingsten sind wir <u>am Bodensee</u>. 　an der Ostsee 　in Spanien	Троицу мы проведём <u>на Боденском озере</u>. 　на Балтийском море 　в Испании
Unsere Klasse <u>geht nach Dänemark auf Klassenfahrt</u>. 　fährt zelten 　macht eine Radwanderung	Наш класс <u>совершит поездку в Данию</u>. 　поедет в турпоход 　поедет в поход на велосипеде
Vielleicht mache ich eine Sprachreise.	Может быть, я поеду за границу на курсы иностранного языка.

Reiseziele in Deutschland → 178

Bundesländer | | Где?

Baden-Württemberg	Баден-Вюртемберг	в земле Баден-Вюртемберг
Bayern	Бавария	в Баварии
Berlin	Берлин	в Берлине
Brandenburg	Бранденбург	в Бранденбурге
Bremen	Бремен	в Бремене
Hamburg	Гамбург	в Гамбурге
Hessen	Гессен	в Гессене
Mecklenburg-Vorpommern	Мекленбург-Предпомерания	в земле Мекленбург-Предпомерания
Niedersachsen	Нижняя Саксония	в Нижней Саксонии
Nordrhein-Westfalen	Северный Рейн-Вестфалия	в земле Северный Рейн-Вестфалия
Rheinland-Pfalz	Рейнланд-Пфальц	в земле Рейнланд-Пфальц
Saarland	Саар	в земле Саар
Sachsen	Саксония	в Саксонии
Sachsen-Anhalt	Саксония-Ангальт	в земле Саксония-Ангальт
Schleswig-Holstein	Шлезвиг-Гольштейн	в земле Ш.-Гольштейн
Thüringen	Тюрингия	в Тюрингии

Städte

Dresden	Дрезден	в Дрездене
Düsseldorf	Дюссельдорф	в Дюссельдорфе
Erfurt	Эрфурт	в Эрфурте
Hannover	Ганновер	в Ганновере
Kiel	Киль	в Киле
Magdeburg	Магдебург	в Магдебурге
Mainz	Майнц	в Майнце
München	Мюнхен	в Мюнхене
Potsdam	Потсдам	в Потсдаме
Saarbrücken	Саарбрюккен	в Саарбрюккене
Schwerin	Шверин	в Шверине
Stuttgart	Штутгарт	в Штутгарте
Wiesbaden	Висбаден	в Висбадене

Berge, Inseln, Regionen

Altmark	Альтмарк	в Альтмарке
Bayerische Alpen	Баварские Альпы	в Баварских Альпах
Bayerischer Wald	Баварский Лес	в Баварском Лесу
Bodensee	Боденское озеро	на берегу Боденского озера
Brocken	Броккен	на горе Броккен
Eifel	Эйфель	в горах Эйфеля

Elbsandsteingebirge	Эльбские Песчаниковые горы	в Эльбских Песчаниковых горах
Erzgebirge	Рудные горы	в Рудных горах
Fichtelgebirge	Фихтель	в горах Фихтеля
Fläming	Флеминг	во Флеминге
Frankenwald	Франконский Лес	во Франконском Лесу
Fränkische Alb	Франконская Юра	во Франконской Юре
Harz	Гарц	в Гарце
Hunsrück	Хунсрюк	в Хунсрюке
Lüneburger Heide	Люнебургская пустошь	в Люнебургской пустоши
Mecklenburgische Seenplatte	Мекленбургское озёрное плато	у одного озера Мекленбургского озёрного плато
Magdeburger Börde	Магдебургская плодородная равнина	на Магдебургской плодородной равнине
Niederlausitz	Нидерлаузиц	в Нидерлаузице
Norderney	Нордерней	на острове Нордерней
Nordseeküste	берег Северного моря	на берегу Северного моря
Oberlausitz	Оберлаузиц	в Оберлаузице
Oberpfalz	Верхний Пфальц	в Верхнем Пфальце
Odenwald	Оденвальд	в Оденвальде
Ostseeküste	берег Балтийского моря	на берегу Балтийского моря
Rheinisches Schiefergebirge	Рейнские Сланцевые горы	в Рейнских Сланцевых горах
Rhön	Рён	в Рёне
Rügen	Рюген	на острове Рюген
Sächsische Schweiz	Саксонская Швейцария	в Саксонской Швейцарии
Sauerland	Зауэрланд	в Зауэрланде
Schwäbische Alb	Швабская Юра	в Швабской Юре
Schwarzwald	Шварцвальд	в Шварцвальде
Siebengebirge	Зибенгебирге	в горах Зибенгебирге
Spessart	Шпессарт	в Шпессарте
Sylt	Зильт	на острове Зильт
Taunus	Таунус	в горах Таунус
Teutoburger Wald	Тевтобургский Лес	в Тевтобургском Лесу
Thüringer Wald	Тюрингенский Лес	в Тюрингенском Лесу
Vogtland	Фогтланд	в Фогтланде
Westerwald	Вестервальд	в Вестервальде
Zugspitze	Цугшпитце	на горе Цугшпитце

Flüsse

Donau	Дунай	на Дунае
Elbe	Эльба	на Эльбе
Ilm	Ильм	на Ильме
Main	Майн	на Майне
Mosel	Мозель	на Мозеле
Oder	Одер (Одра)	на Одере (Одре)

Rhein	Рейн	на Рейне
Ruhr	Рур	на Руре
Saale	Заале	на Заале
Saar	Саар	на Сааре
Spree	Шпрее	на Шпрее
Weser	Везер	на Везере

Reiseziele in Europa

Länder

Belgien	Бельгия	в Бельгии
Bulgarien	Болгария	в Болгарии
Dänemark	Дания	в Дании
Estland	Эстония	в Эстонии
Finnland	Финляндия	в Финляндии
Frankreich	Франция	во Франции
Griechenland	Греция	в Греции
Großbritannien	Великобритания	в Великобритании
Italien	Италия	в Италии
Lettland	Латвия	в Латвии
Litauen	Литва	в Литве
Moldawien	Молдова	в Молдове
Monaco	Монако	в Монако
Niederlande	Нидерланды	в Нидерландах
Norwegen	Норвегия	в Норвегии
Österreich	Австрия	в Австрии
Polen	Польша	в Польше
Portugal	Португалия	в Португалии
Rumänien	Румыния	в Румынии
Rußland	Россия	в России
Schweden	Швеция	в Швеции
Schweiz	Швейцария	в Швейцарии
Slowakei	Словакия	в Словакии
Spanien	Испания	в Испании
Tschechien	Чехия	в Чехии
Türkei	Турция	в Турции
Ukraine	Украина	на Украине
Ungarn	Венгрия	в Венгрии
Weißrußland	Беларусь	в Беларуси
Zypern	Кипр	на Кипре

Städte

Athen	Афины	в Афинах
Bern	Берн	в Берне
Bratislava	Братислава	в Братиславе
Brüssel	Брюссель	в Брюсселе

Budapest	Будапешт	в Будапеште
Den Haag	Гаага	в Гааге
Genf	Женева	в Женеве
Kopenhagen	Копенгаген	в Копенгагене
London	Лондон	в Лондоне
Moskau	Москва	в Москве
Paris	Париж	в Париже
Prag	Прага	в Праге
Rom	Рим	в Риме
St. Petersburg	Санкт-Петербург	в Санкт-Петербурге
Warschau	Варшава	в Варшаве
Wien	Вена	в Вене

Berge, Inseln, Regionen

Atlantikküste	побережье Атлантичес-кого океана	в побережье Атлантичес-кого океана
Großglockner	Гросглокнер	на Гросглокнере
Hohe Tatra	Высокие Татры	в Высоких Татрах
Kanarische Inseln	Канарские острова	на Канарских островах
Kärnten	Каринтия	в Каринтии
Kaukasus	Кавказ	на Кавказе
Karpaten	Карпаты	в Карпатах
Korsika	Корсика	на Корсике
Kreta	Крит	на Крите
Krim	Крым	в Крыму
Mallorca	Мальорка / Майорка	на Мальорке / Майорке
Malta	Мальта	на Мальте
Mont Blanc	Монблан	на Монблане
Riesengebirge	Исполинские горы	в Исполинских горах
Tal der Loire	долина реки Луары	в долине реки Луары
Tirol	Тироль	в Тироле

Flüsse

Don	Дон	на Дону
Dnepr	Днепр	на Днепре
Loire	Луара	на Луаре
Po	По	на реке По
Seine	Сена	на Сене
Themse	Темза	на Темзе
Weichsel	Висла	на Висле
Wolga	Волга	на Волге

97 Zugreise → 96, 182, 187

Unsere Reise ging <u>nach Salzburg</u>.
  nach Brüssel

Мы поехали <u>в Зальцбург</u>.
  в Брюссель

Diesmal wollten wir mit dem Zug fahren.

На этот раз мы хотели поехать поездом.

Wir fuhren mit dem ICE.

Мы ехали на междугородном скором поезде типа ICE.

Während der Fahrt lernten wir <u>eine Gruppe Schweden</u> kennen.
  eine Gruppe Portugiesen

Во время поездки мы познакомились <u>с группой шведов</u>.
  с группой португальцев

Wir unterhielten uns, tauschten Adressen aus.

Мы беседовали, обменялись адресами.

Wir haben gesungen. Es gab viel Spaß.

Мы пели песни. Много шутили.

Vor lauter Erzählen merkten wir gar nicht, <u>wie die Zeit verging</u>.
  daß wir umsteigen mußten

За разговором мы не заметили, <u>как прошло время</u>.
  что нам надо было пересаживаться

Pech war, daß wir in der Hektik eine Reisetasche vergaßen.

Нам не повезло: в суматохе мы забыли дорожную сумку.

Ärger hatten wir mit dem Gepäck.

С багажом у нас были неприятности.

Schade, daß alle Schließfächer voll waren.

К сожалению, все ячейки в камере хранения были заняты.

Wir hatten Glück.

Нам повезло.

Das Hotel war in der Nähe des Bahnhofs.

Гостиница находилась недалеко от вокзала.

98 Reise mit dem Auto → 96, 109

Wir haben viel vor in den Ferien.

У нас большие планы на каникулы.

Nach Italien fahren wir mit dem Auto, da sind wir beweglicher.

В Италию мы едем на машине, так мы более мобильны.

Wir wollen <u>bis Sizilien</u>.
  nach Norwegen

Мы хотим <u>в Сицилию</u>.
  в Норвегию

Wenn nichts dazwischen kommt, schaffen wir es <u>in drei Tagen</u>.
  in achtzehn Stunden

Если нам ничто не помешает, мы доберёмся туда <u>за три дня</u>.
  за восемнадцать часов

Hoffentlich haben wir keine Panne.

Только бы не было аварии.

Letzten Sommer sind wir einfach in Richtung Ostsee gefahren.	Прошлым летом мы просто-напросто поехали по направлению к Балтийскому морю.
Unterwegs war viel Verkehr.	На дороге было большое движение.
Auf der Autobahn ging es aber.	Движение на автостраде было умеренное.
Kurz vor Schwerin blieben wir im Stau stecken.	Недалеко от Шверина мы застряли в пробке.
Es gab einen Unfall.	Произошла автомобильная катастрофа.
Wir mußten eine Umleitung fahren.	Нам пришлось ехать в объезд.
Außerdem hatten wir uns noch verfahren.	Кроме того, мы заблудились.
Diesmal wollen wir besser aufpassen.	На этот раз мы будем ехать внимательнее.

99 Zusätzlicher Wortschatz → 95 – 96

Auto	(авто)машина
ein Auto leihen	взять / брать машину напрокат
Autobahn	автомагистраль, автострада
eine Autobahn benutzen	по/ехать по автостраде
Autobahngebühr	пошлина за проезд по автостраде
die Autobahngebühr bezahlen	за/платить пошлину за проезд
Autovermietung	прокат машин
eine Autovermietung suchen	искать станцию проката машин
Geländewagen	джип
mit dem Geländewagen unterwegs sein	путешествовать на джипе
Gelber Engel	→ 214 (3)
Hilfe	помощь
um Hilfe rufen	по/звать на помощь
Hilfe erbitten	по/просить о помощи
Hilfe leisten	оказать / оказывать помощь
zu Hilfe kommen	прийти / приходить на помощь
Kaution	залог
eine Kaution bezahlen	внести / вносить залог
Landstraße	просёлочная дорога
auf einer Landstraße umherirren	блуждать по просёлочной дороге
Polizei	полиция
die Polizei rufen	вызвать / вызывать полицию
Raststätte	дорожный ресторан

Zusammen mit meinen Eltern will ich im Sommer <u>nach Griechenland</u> fliegen.
   auf die Kanarischen Inseln

Мы с родителями хотим полететь летом <u>в Грецию</u>.
   на Канарские острова

Ich bin neugierig <u>auf Griechenland</u>.
   auf Spanien

Любопытно, как будет <u>в Греции</u>.
   в Испании

Die <u>Flugtickets</u> haben wir schon gebucht.

   Schiffskarten

Мы уже забронировали <u>билеты на самолёт</u>.
   билеты на пассажирское судно (теплоход)

Die Reise ist schon unter Dach und Fach.

Путешествие уже организовано.

Im Herbst sind wir nach Kreta geflogen.

Осенью мы летали на остров Крит.

Wir fliegen, weil man da nicht soviel Zeit verliert.

Мы летим, чтобы не терять времени.

Im vorigen Jahr sind wir mit <u>einem Airbus</u> geflogen.
   mit einer Boeing

В прошлом году мы летели <u>аэробусом</u>.

   на "боинге"

Wir überflogen <u>das Mittelmeer</u>.

   den Bosporus

Мы пролетели над <u>Средиземным морем</u>.
   Босфором

Unsere Flughöhe betrug …

Мы летели на высоте …

Wir hatten eine herrliche Sicht.

Видимость была великолепная.

Wir hatten kein Glück – keine Sicht.

Нам не повезло – видимость была нулевая.

Der Flug verlief (nicht) gut.

Полёт (не) был благополучным.

Unterwegs kamen wir in ein Gewitter.

Во время полёта мы попали в грозу.

Uns war nicht wohl dabei.

Это было не очень приятно.

Wir kamen pünktlich an.

Мы прибыли точно по расписанию.

Wir kamen mit einer Viertelstunde Verspätung an.

Рейс задержался на 15 минут.

Wir waren froh, als wir wieder auf der Erde waren.

Мы были очень рады, когда приземлились.

Wir fahren mit dem Schiff, da kann man an Bord erst mal ausspannen.

Мы плывём теплоходом, потому что на борту можно отдохнуть.

Die Schiffsreise ist billig (teuer).

Поездка на судне стоит дёшево (дорого).

Die Schiffsreise dauert zwei Tage.

Поездка теплоходом длится два дня.

An Bord gibt es ein Restaurant.
    einen Shop
    eine Wechselstube
    eine Sauna

На борту есть ресторан.
    магазин
    пункт обмена валюты
    сауна

Wir laufen verschiedene Häfen an.

Мы заходим в разные порты.

In … gehen wir an Land.
    können wir einen Landgang machen

В … мы сойдём на берег.
    можем сойти на берег

Mein Freund fuhr mit seinen Eltern mit dem Schiff nach Norwegen.
    nach Finnland

Мой друг вместе со своими родителями ездил в Норвегию теплоходом.
    в Финляндию

Während der Fahrt sonnten sie sich.

Во время круиза они загорали.

101   Zusätzlicher Wortschatz → 73

Deck
    auf dem Deck Tennis spielen
Fähre
    mit der Fähre übersetzen

палуба
    играть в теннис на палубе
паром
    переправиться / переправляться на пароме

Flugnummer
    die Nummer des Fluges vergessen
Hafen, im Hafen
    einen Hafen besichtigen
    eine Hafenrundfahrt machen

номер рейса
    забыть / забывать номер рейса
порт, в порту
    осмотреть / осматривать порт
    совершить / совершать экскурсию на судне по порту

Kabine
    eine Vierbettkabine belegen

каюта
    занять / занимать четырёхместную каюту

Kreuzfahrt
    auf Kreuzfahrt gehen
Landung
Rückflug
    einen Rückflug buchen
    einen Rückflug bestätigen lassen

круиз
    отправиться / отправляться в круиз
посадка
обратный рейс
    за/бронировать обратный рейс
    за/компостировать билет на обратный рейс

Überfahrt
    eine Überfahrt schlecht vertragen

переправа
    плохо перенести / переносить переправу

Zwischenlandung
    eine Zwischenlandung machen

промежуточная посадка
    с/делать промежуточную посадку

102 **Ohne Auto unterwegs** → 73, 95 – 96, 165

Im Sommer fahren wir vierzehn Tage zelten.	Летом мы отправимся на две недели в турпоход.

Wir werden <u>mit dem Boot</u> unterwegs sein.
  mit dem Fahrrad
  mit dem Motorrad
  mit dem Moped
	Мы поедем <u>на лодке</u>.
	  на велосипеде
	  на мотоцикле
	  на мопеде

Pro Tag legen wir etwa 30 km zurück.	За день мы проедем (проплывём, пройдём) приблизительно 30 км.
Wir halten an, wo es uns gefällt.	В пути мы остановимся там, где нам понравится.
Wir sind gern an der frischen Luft.	Мы любим бывать на свежем воздухе.

Übernachtet wird <u>im Zelt</u>.
  in Jugendherbergen
	Ночуем <u>в палатке</u>.
	  на турбазах

Wir wandern gern.	Мы любим ходить в походы.
Hoffentlich geht alles gut.	Надеемся, что всё будет хорошо.
Letztes Jahr ging mein Fahrrad kaputt.	В прошлом году мой велосипед сломался.
Ich mußte das Fahrrad schieben.	Мне пришлось вести велосипед.
Ich hatte den Rucksack schlecht gepackt.	Я неаккуратно сложил(а) вещи в рюкзак. (Я плохо уложил[а] рюкзак.)
Der Rucksack drückte.	Рюкзак давил.
Der Rucksack war schwer.	Рюкзак был тяжёлым.

Wie das Wetter war:	**Какая стояла погода:**
– Es hat oft geregnet und geschneit.	Часто шли дожди и снег.
– Es war furchtbar heiß.	Было страшно жарко.
– Im Zelt war es kühl.	В палатке было прохладно.
– Wir hatten manchmal Nebel.	Иногда стоял туман.
– Es gab sogar Frost.	Даже морозы были.
– Der Schnee war herrlich.	Снег был чудесным.
– Das Wasser war ziemlich kühl.	Вода была довольно холодной.
– Die ganze Zeit über war es frisch.	Всё время было свежо.
– Wir hatten ständig Wind.	Ветер не утихал ни на минуту.
– Einmal hatten wir schweres Gewitter.	Однажды была сильная гроза.
– Es donnerte und blitzte.	Гремел гром, сверкала молния.

Wie das Wetter heute ist:
- Es hat aufgehört zu regnen.
- Es hat angefangen zu schneien.
- Es taut.
- Auf der Straße ist Glatteis.
- Es ist Reif auf den Bäumen.
- Es hat Frost gegeben.
- Der Winter kommt.
- Es stürmt draußen.
- Es nieselt.
- Die Sonne scheint.
- Heute ist es bewölkt.

Какая сегодня погода:
Дождь кончился.
Пошёл снег.
Тает.
На улице гололёд.
На деревьях иней.
Был мороз.
Зима наступает.
На улице бушует ветер.
Моросит.
Солнце светит.
Сегодня облачно.

Wie das Wetter morgen wird:
- Es wird warm.
- Nachts wird es regnen.
- Es wird nicht schneien.
- Es bleibt warm und niederschlagsfrei.

Какая будет погода:
Будет тепло.
Ночью будет дождь.
Снега не будет.
Сохранится тёплая погода без осадков.

103 **Zusätzlicher Wortschatz** → 67, 73

Kraxe — станковый рюкзак
Luftpumpe — велосипедный насос
  eine Luftpumpe verlieren — по/терять велосипедный насос
Mountainbike — горный велосипед
Paddelboot — байдарка
  auf das Paddelboot stolz sein — гордиться байдаркой
Rucksack mit Tragegestell — рюкзак с каркасом
Sachen — вещи
  Sachen packen — сложить / складывать вещи
Segelboot — парусная лодка
  das Segelboot warten — ухаживать за парусной лодкой
  segeln — по/плыть на парусной лодке
Sturzhelm — защитный шлем
  den Sturzhelm aufsetzen — надеть / надевать защитный шлем
  den Sturzhelm festschnallen — застегнуть / застёгивать шлем
Surfbrett — сёрфборд
  sich auf ein Surfbrett wagen — отважиться встать на сёрфборд
  ein Surfbrett ausleihen — взять / брать напрокат сёрфборд
  surfen — по/кататься на сёрфборде
Zelt — палатка
  das Zelt aufbauen — по/ставить, разбить / разбивать палатку
  das Zelt aufräumen — убрать / убирать палатку
  das Zelt abbauen — снять / снимать палатку

104 **Grenze** → 179

An den Grenzen hat sich viel verändert.	На границах многое изменилось.
Ein Visum ist erforderlich.	Требуется виза.
Innerhalb der EU-Staaten gibt es kaum noch Kontrollen.	На границах государств ЕС почти нет контроля .
An der Grenze zu … mußten wir lange warten.	Нам пришлось долго ждать на границе с …
Wir mußten nur den Paß zeigen.	Мы должны были предъявить только паспорт.
Vor Aufregung fand meine Freundin ihre Papiere nicht.	От волнения моя подруга не могла найти свои документы.

105 **Zusätzlicher Wortschatz** → 95

Euroscheck	еврочек
Führerschein	водительское удостоверение
Impfausweis	карточка прививок
Kontrollstelle	контрольный пункт
(mit einem Fahrzeug) eine Kontrollstelle passieren	проехать / проезжать контрольный пункт на машине
Kreditkarte	кредитная карточка
Paß	заграничный паспорт
Personalausweis	удостоверение личности
persönliche Dinge	личные вещи
Versicherungsschein	страховое свидетельство
Visaantrag	визовая анкета
Visum	виза
ein Visum beantragen	подать / подавать заявление (с ходатайством) о выдаче визы
ein Visum erhalten	получить / получать визу
Wechselstube	пункт обмена валюты
eine Wechselstube aufsuchen	зайти / заходить в пункт обмена валюты
Geld wechseln	обменять / обменивать деньги
Zollbeamter	таможенник
einen Zollbeamten um Auskunft bitten	по/просить справку у таможенника
Zollerklärung	таможенная декларация
eine Zollerklärung ausfüllen	заполнить/ заполнять таможенную декларацию
Zulassung (Kfz)	регистрационный документ автомашины

106 Unterbringung → 21 – 22, 112

Wir hatten <u>eine Ferienwohnung</u> gemietet.
  einen Bungalow

На время каникул мы сняли <u>квартиру</u>.
  бунгало

Unser Wohnwagen stand auf einem Campingplatz.

Наша прицеп-дача (Наш кемпинг-кар) стояла (стоял) на кемпинге.

Wir hatten einen herrlichen Blick <u>auf das Meer</u>.
  auf die Stadt

Перед нами был прекрасный вид <u>на море</u>.
  на город

Unser Haus lag <u>in der Nähe vom Strand</u>.

  direkt an der Straße

Наш дом находился <u>недалеко от пляжа</u>.
  у самой улицы

Wir blieben <u>eine Woche</u>.
  nicht lange

Мы пробыли <u>неделю</u>.
  недолго

In diesem Jahr wohnen wir <u>in einem Hotel</u>.
  privat
  auf einem Bauernhof

В этом году мы будем жить <u>в гостинице</u>.
  на частной квартире
  в крестьянской усадьбе

<u>Mit dem Zimmer</u> waren wir (nicht so richtig) zufrieden.
  mit dem Essen

Мы были (не совсем) довольны <u>номером</u>.
  едой

107 Zusätzlicher Wortschatz → 21, 113

Ferienheim
Pension
Halbpension

дом отдыха, пансионат
пансион
полупансион (только завтраки и ужины или обеды)

Vollpension
Transfer

полный пансион
трансфер (гарантированные опла-ченные транспортные услуги по доставке туристов к аэропорту или железнодорожному вокзалу, гостинице, объектам экскурсий)

108 Zu Besuch → 25

In den Ferien war ich <u>bei meiner Oma</u>.

  bei meiner Tante
  bei Bekannten
  bei Freunden

Во время каникул я был(а) <u>у моей бабушки</u>.
  у моей тёти
  у знакомых
  у друзей

Die Eltern <u>meines Freundes</u> hatten mich eingeladen.
  meiner Freundin

Меня пригласили родители <u>моего друга</u>.
  моей подруги

<u>Mein Onkel</u> hat einen großen Garten.
  Mein Opa

<u>У моего дяди</u> есть большой сад.
  У моего дедушки

Im Sommer wollte ich zu ihm.

Летом я хотел(а) поехать к нему.

Ich war <u>bei meinem Neffe</u>n.
  bei meiner Cousine

Я был(а) <u>у моего племянника</u>.
  у моей двоюродной сестры

---

109 **Ausflug** → 73, 212

Auf dem Weg nach Dessau machten wir einen Abstecher nach Wörlitz.

По дороге в Дессау мы заехали в Вёрлиц.

Wir besuchten einen kleinen Tierpark.

Мы посетили небольшой зоопарк.

Der Tierpark ist ca. 18 ha groß.

Территория зоопарка занимает приблизительно 18 га.

Er liegt <u>am Wald</u>.
  am Fuße des Erzgebirges

Он расположен <u>у леса</u>.
  у подножия Рудных гор

Ungefähr 90 verschiedene Arten leben hier; darunter Hirsche, Rehe, Bären, Affen.

Здесь около 90 видов животных; среди них олени, косули, медведи, обезьяны.

---

110 **Zusätzlicher Wortschatz** → 96, 182

Aussichtsturm
  von einem Aussichtsturm die schöne
  Aussicht genießen
Botanischer Garten
  im Botanischen Garten spazieren gehen
Brockenhexe
Brunnen
  eine Münze in den Brunnen werfen
Burg
Denkmal
  ein Denkmal genau betrachten

Dom
  den Dom bewundern
Festung
  eine alte Festung restaurieren
Freilichtbühne
Gedenkstätte

наблюдательная вышка
  любоваться прекрасным видом
  с наблюдательной вышки
ботанический сад
  гулять по ботаническому саду
→ 214 (8)
колодец, фонтан
  бросить/ бросать монету в фонтан
за́мок, крепость
памятник
  рассмотреть / рассматривать
  памятник
собор
  восхититься / восхищаться собором
крепость
  реставрировать старую крепость
летний театр
мемориал

Gestüt	конный завод
Gradierwerk	градирня
Höhle	пещера
eine Höhle besichtigen	осмотреть / осматривать пещеру
Kathedrale	кафедральный собор
Mühle	мельница
Planetarium	планетарий
im Planetarium die Bewegung der Planeten verfolgen	следить в планетарии за движением планет
Platz	площадь
Marktplatz	рыночная (базарная) площадь
Postsäule	почтовый столб
eine Postsäule aufstellen	по/ставить почтовый столб
Schloß	за́мок
ein Schloß umbauen	перестроить / перестраивать за́мок
Seilbahn	канатная дорога (канатка)
mit der Seilbahn auf den Berg fahren	подняться / подниматься канатной дорогой на гору
Talsperre	плотина
mit Booten auf der Talsperre fahren	по/кататься на лодках у плотины
Turm	башня
einen Turm besteigen	подняться / подниматься на башню
Wassermühle	водяная мельница
an einer Wassermühle haltmachen	остановиться / останавливаться у водяной мельницы
Wald	лес
durch den Wald wandern	гулять по лесу
im Wald umherirren	блуждать по лесу
Windmühle	ветряная мельница

111 Begegnung mit Freunden → 29, 73

Drei Tage vor der Abreise gab mein Freund eine Fete.	За три дня до отъезда мой друг устроил вечеринку.
Es kamen viele von uns.	Пришло много наших друзей.
Wir waren eine lustige Truppe.	Была весёлая компания.
Wir haben gegessen, getrunken und natürlich viel geschwatzt.	Мы ели, выпивали и, разумеется, много болтали.
Wir haben Witze erzählt und oft gelacht.	Мы рассказывали анекдоты и много смеялись.
Dann hatten wir die Idee, ein Video zu drehen.	Потом нам пришло в голову снять видеофильм.

Das war vielleicht ein Spaß!

Было здо́рово.

Die Party war gelungen.

Вечеринка удалась.

Es war <u>nicht übel</u>.
  langweilig

Было <u>неплохо</u>.
  скучно

Spätabends gingen wir in eine Disco.

Поздно вечером мы пошли на дискотеку.

Hinterher gingen wir noch zu …

Потом мы ещё зашли к …

Wir feierten einen Geburtstag.

Мы отметили день рождения.

112 Gaststätte → 85, 96

Wir wollten die <u>einheimische Küche</u> ausprobieren.
  Spezialitäten des Restaurants

Мы хотели познакомиться <u>со здешней кухней</u>.
  с фирменными блюдами ресторана

Ich lud meine Freunde <u>zum Abendessen</u> in ein Restaurant ein.
  zum Mittagessen

Я пригласил(а) друзей <u>на ужин</u> в ресторан.
  на обед

Es war ein <u>italienisches</u> Restaurant.
  chinesisches
  griechisches

Это был ресторан <u>итальянской</u> кухни.
  китайской
  греческой

Wir aßen und tranken mehr als sonst.

Мы съели и выпили больше, чем обычно.

Es gab viel Spaß, da wir <u>das Essen nicht kannten</u>.
  nicht mit Stäbchen essen konnten

Было забавно, так как <u>этих блюд мы не знали</u>.
  мы не умели есть палочками

Das Essen <u>war gut</u>.
  hatte einen etwas sonderbaren Geschmack

Блюдо <u>было вкусное</u>.
  имело какой-то странный вкус

Ich hatte total falsch gewählt.

Я выбрал(а) себе совсем не то, что нужно.

Dafür hatte ich zum Nachtisch das Richtige.

Но зато десерт мне понравился.

Insgesamt waren wir zufrieden.

В целом мы остались довольны.

Ausstattung des Raumes → 22

Antiquitäten	антикварные вещи
Bauernmöbel	крестьянская мебель
Bierkrüge	пивные кружки
Bierkrüge sammeln	коллекционировать пивные кружки
Flasche	бутылка
Hirschgeweih	оленьи рогá
Interieur	интерьер
Kerze	свечá
eine Kerze anzünden	зажечь / зажигать свечу
Leuchter aus Schmiedeeisen	подсвечник из кованого железа
Lüster	люстра
Regal	полка
Stuck	лепное украшение
Weinkrug	винная кружка
Zimmerdecke	потолок
Zinnteller	оловянная тарелка

Speisen → 85

Blumenkohl	цветная капуста
Eis mit Sahne	мороженое со взбитыми сливками
Ente	утка
Fleischbrühe	мясной бульон
Forelle	форель
Forelle empfehlen	рекомендовать форель
Gänsebraten	жареный гусь
Hühnerfrikassee	куриное фрикасе
Frikassee bestellen	заказать / заказывать фрикасе
Pilze	грибы
Pilze essen	есть грибы
Pommes frites	картофель-фри
Pute	индейка
Pute probieren	по/пробовать индейку
Rehbraten	жаркое из косули
Rotkohl	краснокочанная капуста
Roulade	рулет фаршированный
Rühreier	яичница-болтунья
Sauerbraten	жаркое, тушённое с уксусом
Schinkenröllchen	ветчинные рулеты
Soljanka	солянка
Spargelcremesuppe	суп-пюре из спаржи
Weißwürste	баварские белые сосиски

Getränke → 12

Apfelsaft	яблочный сок
Bier	пиво
Cola	кола
Kaffee	кофе
Limo(nade)	лимонад
Mineralwasser	минеральная вода
Radler	пиво с лимонадом
Rotwein	красное вино
(halb)trockener Wein	(полу)сухое вино
süßer Wein	сладкое вино
Saft	сок
Schokolade	какао
Sekt	шампанское
Tee	чай
Wasser	вода
Wein	вино
Weißwein	белое вино

114 **Mitbringsel** → 25, 83 – 84

Die ganze Zeit haben wir nach <u>Geschenken</u> geguckt.	Всё время мы искали <u>подарки</u>.
Souvenirs	сувениры
Auf der Reise nach Prag entdeckten wir einen hübschen kleinen Laden.	Во время поездки в Прагу мы обнаружили симпатичный маленький магазин.
Als wir in Trier waren, kauften wir allerlei ein.	Когда мы были в Трире, мы накупили всякой всячины.
Für <u>meine Schwester</u> habe ich einen Fotoapparat gekauft.	<u>Для своей сестры</u> я купил(а) фотоаппарат.
meine Eltern	Для своих родителей
meinen Freund	Для своего друга
Weil mein Onkel <u>Bierkrüge</u> sammelt, habe ich ihm einen mitgebracht.	Так как мой дядя собирает <u>пивные кружки</u>, я ему принёс (принесла) <u>пивную кружку</u>.
Kalender	календари … календарь
Wir hatten einige Mühe, alles Gewünschte zu bekommen.	Нам стоило большого труда раздобыть всё, что хотели.
Bei der Hektik hatten wir gar nicht gemerkt, daß nicht alles von guter Qualität war.	В суматохе мы даже не заметили, что не всё было хорошего качества.

Ansichtskarten	открытки с видами
Ansichtskarten schreiben	на/писать открытки
Armreif	браслет
einen Armreif schenken	по/дарить браслет
Dinosaurier	динозавр
Gebäck	печенье
Gebäck mitbringen	принести / приносить с собой печенье
Glas	стакан
Hut	шляпа
einen Hut aussuchen	выбрать / выбирать шляпу
Kachel	кафель
Konfekt	конфеты
Kognakglas	рюмка
Korb	корзина
Kosmetik	косметика
Kuscheltier	плюшевая игрушка
Matrjoschka	матрёшка
(russische Holzpuppe mit ineinandergesetzten jeweils kleineren Puppen)	
Muschel	ракушка
Mütze	шапка
Ring	кольцо
Schlips	галстук
Sekt-, Weinglas	бокал
Tablett	поднос
Teddybär	(плюшевый) мишка
Tischdecke	скатерть
eine weiße Tischdecke aussuchen	выбрать / выбирать белую скатерть
Tuch	платок
Uhr	часы
Wappen	герб

116 **Rückkehr** → 15, 97, 100

Schade, daß die schöne Zeit schon vorbei ist.	Жаль, что это чудесное время уже прошло.
Ich wäre gern noch geblieben.	Мне хотелось бы ещё остаться.
Bei der Abreise ging alles drunter und drüber.	При отъезде всё шло кувырком.
Wie immer hatte ich etwas liegenlassen.	Как всегда, я что-то забыл(а).
Diesmal hatte ich nichts vergessen.	На этот раз я ничего не забыл(а).

Der Abschied fiel mir schwer.	Прощание для меня было трудным.

Wir gingen noch einmal <u>am Strand</u> spazieren.
   durch das Dorf
	Мы в последний раз гуляли <u>по пляжу</u>.
	   по деревне

Bei der Heimreise ging alles glatt.	На обратном пути всё было нормально.
Auf dem Rückweg fuhren wir noch bei Bekannten vorbei.	По пути домой мы ещё заехали к знакомым.
Die Rückreise war anstrengend.	Обратный рейс был утомительным.
Wir waren froh, als wir wieder zu Hause waren.	Мы были рады, когда снова оказались дома.
Zu Hause war alles in Ordnung.	Дома было всё в порядке.

117   Fotos, Geschenke → 25, 114 – 115

Ich habe unheimlich viel fotografiert.	Я ужасно много фотографировал(а).

Die Fotos sind (<u>nicht sehr</u>) <u>gut</u> geworden.
   ganz gut
	Фотографии получились (<u>не</u>)<u>удачными</u>.
	   довольно хорошими

Mein Freund hatte eine Videokamera.	У моего друга была видеокамера.

Es macht viel Spaß, wenn wir uns ab und zu <u>die Videos</u> ansehen.
 	
   das Reisetagebuch
   die Reisenotizen
	Огромное удовольствие нам доставляет время от времени просматривать <u>видеофильмы</u>.
	   дорожный дневник
	   дорожные записки

<u>Aus Toledo</u> habe ich mir ein Tuch mitgebracht.
   Aus Paris
	Я привёз (привезла) себе <u>из Толедо</u> платок.
	   из Парижа

<u>Meinen Eltern</u> habe ich eine hübsche Vase geschenkt.
   Meiner Schwester
	<u>Родителям</u> я подарил(а) красивую вазу.
	   Сестре

Über die Geschenke haben sich alle gefreut.	Все обрадовались подаркам.
Das Geschenk für meinen Bruder war (nicht) das Richtige.	Подарок для брата оказался (не)удачным.
Das nächste Mal bringe ich etwas anderes als Geschenk mit.	В следующий раз я привезу что-нибудь другое в подарок.

118 **Zu Hause** → 15, 25, 74, 196

Ich denke gern <u>an unseren Urlaub</u> zurück.	Я с удовольствием вспоминаю <u>о нашем отпуске</u>.
an die Zeit in Spanien	о времени в Испании
Es war eine schöne Zeit, die viel zu schnell verging.	Это было прекрасное время, которое пролетело слишком быстро.
Das war echt Spitze!	Это было просто здорово!
Besonders gut hat es Jule getroffen.	Юле особенно повезло.

Meine Freunde waren <u>auch verreist</u>.
    zu Hause
	Мои друзья <u>также путешествовали</u>.
	    были дома

Wir hatten uns jede Menge zu erzählen.	Нам было о чём рассказать друг другу.
Es gab auch Unangenehmes.	Были и неприятности.
Ich hatte mein Portemonnaie verloren.	Я потерял(а) свой кошелёк.
Man hatte mir meine Uhr gestohlen.	У меня украли часы.
Zu allem Unglück hatte ich meine Tasche im Zug stehenlassen.	К несчастью, я оставил(а) свою сумку в поезде.
Den Rucksack habe ich im Hotelzimmer vergessen.	Рюкзак я забыл(а) в гостиничном номере.
Und schon überlege ich, wo ich als nächstes hinfahre.	А сейчас я уже думаю о том, куда поехать в следующий раз.

Vielleicht klappt es nächsten Sommer mit einer Reise nach <u>Rußland</u>.
    Portugal
    Zypern
	Может быть, следующим летом получится с поездкой <u>в Россию</u>.
	    в Португалию
	    на Кипр

Fragen zu Freizeit, Ferien, Ferienreise

119 **Fragen zur Freizeit** → 73

Как ты проводишь свободное время?
С кем и где ты проводишь свободное время?
Чем ты занимаешься по субботам и воскресеньям?
Ты любишь плавать?
Что тебя больше всего интересует?

Интересуешься ли ты автомобильной техникой?
Что ты собираешь?

Что растёт в вашем огороде?
Ты должен (должна) помогать в саду?

Ты сам(а) выращиваешь растения?
У вас есть домашнее животное?
Почему ты держишь кошку?

Ты носишь талисман?
Ты веришь в гадание по руке?

Что означает для тебя спорт?
Ты ходишь регулярно на тренировку?
Ты смотрел(а) по телевизору финал по теннису в закрытом помещении?
Во что ты играешь со своими друзьями?

120   **Fragen zu den Ferien** → 93

Как долго продолжаются ваши каникулы?
Какие у тебя планы на каникулы?
Что ты делал(а) во время каникул?
Как тебе понравились каникулы?

121   **Fragen zur Ferienreise** → 95

Ты тоже собираешься куда-нибудь поехать?
Ты уже был(а) за границей?
Где тебе нравится больше всего?
Какое у тебя чувство, когда ты стоишь на границе?
На чём (Чем) вы поедете в (на) … ?
Как вы поедете туда?
Вы поедете поездом?
Вы хорошо доехали до … ?
Были ли критические моменты?
Как было в пути?
У кого ты был(а) в гостях?
Как долго ты там был(а)?
Как тебе там понравилось?
Ты был(а) в церкви?
Вы часто собирались с друзьями?
Что было интересного и нового?
Что вам понравилось больше всего?
Были ли вы довольны отпуском?
Как ты доехал(а) домой?
Дома всё было в порядке?
Что ты себе купил(а) на память о поездке?
Были ли твои родители рады подаркам?
Какие у вас планы на следующий год?
Вы ещё раз хотите поехать в (на) … ?
Кто ещё с вами поедет?

Kunst, Kultur, Literatur

Kunst

122 **Architektur** → 73, 125

Architektur interessiert mich (nicht).

Über die Geschichte der Architektur
weiß ich <u>eine ganze Menge</u>.
   viel zu wenig

Bauwerke faszinieren mich.

Obwohl die Bauleute früher nur wenige
Geräte hatten, haben sie doch solche
gewaltigen Bauten errichtet.

Da ich Architektur studieren möchte,
lese ich viel <u>über Bautypus</u>.
   über Proportion und Konstruktion
   über Baumaterial und Festigkeit

   über hervorragende Architekten
   über die Geschichte der Architektur

Oft staune ich über die Symmetrie und
das Ebenmaß der Konstruktionen.

Архитектура меня (не) интересует.

Об истории архитектуры я знаю
<u>довольно много</u>.
   слишком мало

Архитектурные сооружения меня
завораживают.

Несмотря на то, что строители в
древние времена имели в своём рас-
поряжении только примитивную
строительную технику, всё-таки они
возводили такие огромные строения.

Так как я хочу изучать архитектуру,
я много читаю <u>о типах строений</u>.
   о пропорциях и конструкциях
   о строительных материалах и
   о прочности
   о выдающихся архитекторах
   об истории архитектуры

У меня часто вызывают удивление
симметрия и гармоничность
конструкций.

Am Bauhaus-Stil bewundere ich die Einheit von Funktionalität und Material-beschaffenheit.

В стиле Баухауза меня восхищает единство функциональности и характера материала.

123 **Zusätzlicher Wortschatz** → 73, 125

Architekten-Wettbewerb	архитектурный конкурс
Backsteinbau	сооружение из кирпича
Barock	барокко
Basilika	базилика
Denkmalschutz	охрана исторических памятников
Design	дизайн
Eigenheim	собственный дом
Eigenheimbau	строительство собственного дома
Einfamilienhaus	дом на одну семью
Entwurf	набросок, эскиз
Fachwerk	фахверк
Fertighaus	сборный дом
Gewölbe	свод
Glasmalerei	живопись по стеклу
Gotik	готика
Hallenkirche	церковь с нефами одинаковой высоты
Hochbau	надземное строительство
Kapitell	капитель
Kirchenschiff	неф
Klassizismus	классицизм
Kunst am Bau	прикладное искусство в строительстве
Landschaftspark	ландшафтный парк
Modell	макет
Musterhaus	дом-образец
Neoklassizismus	неоклассицизм
Pfarrkirche	приходская церковь
Pfeiler	столб, опора
Plastik	скульптура
Plattenbau	крупнопанельный дом
Plattenbauweise	способ крупнопанельного строительства
Portal	портал
Profanbau	светское сооружение
Rekonstruktion	реконструкция
Renaissance	Ренессанс, Возрождение
Rokoko	рококо
Romanik	романский стиль
Sachlichkeit	функциональность
Sakralbau	культовое сооружение

Silhouette	силуэт
Statik	статика
Strebepfeiler	контрфорс
Stuck	лепное украшение
Tiefbau	подземное строительство
Werkstoff	материал
Wiederaufbau	восстановление

124 **Как писать об архитектурных особенностях здания** → 122 – 123

Здание было построено в … году.
Оно стоит ещё со времён …
Его построили архитекторы … в стиле …
Это видно по тому, что …
Здание каменное, но использованы и другие стройматериалы,
    как например, …
В этом здании встречаются элементы разных стилей:
    и … , и …
Особенно красив (красива, красиво, красивы) …
Фасадное оформление отличается тем, что …
По всему фасаду …
Типично для такого рода сооружений …
На правой стороне … , на левой стороне …
Восстановили …
Здание охраняется с … года.

125 **Museum** → 96

Dort, wo wir waren, gibt es ein kleines
Museum.

Там, где мы были, есть небольшой
музей.

Wir besichtigten ein <u>Heimatmuseum</u>.
    ein Völkerkundemuseum

Мы осмотрели <u>краеведческий музей</u>.
    этнографический музей

Es befindet sich <u>im Rathaus</u>.
    im Stadtturm
    nicht weit von der Schule

Он находится <u>в ратуше</u>.
    в городской башне
    недалеко от школы

Das Museum ist durch seine Sammlung
von <u>Jagdwaffen</u> berühmt.
    Gläsern

Музей знаменит своей коллекцией
<u>охотничьего оружия</u>.
    стекла

Das Museum verfügt über <u>reiche Bestände</u>
<u>an Miniaturen</u>.
    einen reichen Fundus an graphischen
    Blättern
    eine gute Bildersammlung

Музей располагает <u>большим</u>
<u>количеством миниатюр</u>.
    большим фондом графики

    хорошим собранием картин

Dort haben wir uns eine Münzsammlung angesehen.

    eine Sammlung historischer Zinn-gegenstände

Там мы осмотрели коллекцию монет.

    набор исторических оловянных изделий

In den Schaukästen gab es viel Interessantes zu sehen.

    viele Originale

В витринах можно было увидеть много интересного.

    много подлинников

Im Museum werden auch interessante Vorträge gehalten.

    Konzertabende veranstaltet
    Dichterlesungen durchgeführt

В музее также читают интересные доклады.

    устраиваются концертные вечера
    проводятся литературные чтения

Zur Erinnerung kann man Ansichtskarten kaufen.

    Bildbände
    eine Jubiläumsmünze

На память можно купить открытки.

    альбомы
    юбилейную монету

Ich habe mir einen historischen Stadtplan gekauft.

    eine Ansichtskarte von Wien

Я купил(а) себе старый план города.

    открытку с видом Вены

126 **Zusätzlicher Wortschatz** → 96

Andenken	сувенир
Abteilung für Frühgeschichte	отдел ранней истории
Ausstellung	выставка
eine Ausstellung besuchen	посетить / посещать выставку
mit Interesse eine Ausstellung verfolgen	внимательно осмотреть / осматривать выставку
Ausstellungsstück	экспонат
Bauernmuseum	музей крестьянского быта
sich für das Leben der Bauern interessieren	интересоваться бытом крестьян
Museumsführer (Angestellter)	гид
sich an einen Museumsführer wenden	спросить / спрашивать гида
Museumsführer (Broschüre)	путеводитель по музею
Nachbildung	макет
Nachbildungen ausstellen	выставить / выставлять макеты

Als ich in Paris war, bin ich mehrmals im Louvre gewesen.

Когда я был(а) в Париже, я много раз посещал(а) Лувр.

Ich interessiere mich für <u>Malerei</u>.
    die Bildhauerkunst
    den Holzschnitt

Я интересуюсь <u>живописью</u>.
    скульптурой
    гравюрой на дереве

Mir gefallen Werke <u>des Impressionismus</u> (nicht).
    des Expressionismus
    des Jugendstils

Мне (не) нравятся произведения <u>импрессионизма</u>.
    экспрессионизма
    стиля "модерн"

Mein Lieblingsmaler ist <u>Vincent van Gogh</u>.

    Rembrandt
    Caspar David Friedrich

Мой любимый живописец <u>Винсент ван Гог</u>.
    Рембрандт
    Каспар Давид Фридрих

Gemälde von Richter erinnern mich an meinen Aufenthalt in ...

Картины Рихтера напоминают мне о пребывании в ...

Gemälde von Dali <u>machen mich traurig</u>.

    muntern mich auf
    erfreuen mich

Картины Дали вызывают у меня <u>чувство печали</u>.
    бодрое настроение
    радостное ощущение

Das Gemälde „Kuppeln und Schwalben" von Juon hat mich nachdenklich gemacht.

Картина "Купола и ласточки" Юона заставила меня задуматься.

Wenn ich ein Bild von Krüger sehe, muß ich <u>an unsere Umwelt</u> denken.
    an meine Ferien

Когда я вижу картину Крюгера, то думаю <u>о нашей окружающей среде</u>.
    о своих каникулах

Das Schaffen von Kustodijew macht mich <u>auf sein Leben</u> neugierig.
    auf seine Beziehung zu Tolstoi

Творчество Кустодиева вызывает у меня интерес <u>к его жизни</u>.
    к тому, как он относился к Толстому

Die Komposition ist dadurch interessant, <u>daß die Figuren einen Kreis bilden</u>.
    daß Vorder- und Hintergrund in verschiedenen Farben gehalten sind

Композиция интересна тем, <u>что фигуры образуют круг</u>.
    что передний и задний планы написаны в разных цветовых гаммах

In der Bildmitte wirken die Farben besonders intensiv.

В самом центре картины краски особенно ярки.

128 **Zusätzlicher Wortschatz** → 5, 6, 73

Abteilung für deutsche Malerei	отдел немецкой живописи
Akt	обнажённая натура
einen Akt zeichnen	на/рисовать обнажённую натуру
Bildaussage	идея картины
über die Aussage des Bildes nachdenken	по/думать об идее картины
Bildhauer	скульптор
einem Bildhauer bei der Arbeit zusehen	наблюдать за скульптором во время его работы
Gattung	жанр
eine Gattung bevorzugen	предпочесть / предпочитать жанр
Hintergrund	задний план, фон
Holzschnitzerei	резьба по дереву
Landschaft	пейзаж
eine Landschaft darstellen	изобразить / изображать пейзаж
Meisterwerk	шедевр
ein Gemälde für ein Meisterwerk halten	считать картину шедевром
Staffelei	мольберт
Stilleben	натюрморт
Studie	этюд
Studien zeigen	показать / показывать этюды
Ton, Farbtöne	тон, тона
im Blauton malen	на/писать в синих тонах
Vordergrund	передний план

129 **Как рассказать о картинах** → 127

В ... я побывал(а) в картинной галерее.
... рад(а) был(а) встрече с произведениями художника (художницы) ...
Его (её) ... передают чувство ... , представляют собой символы ...
Отличается он(а) от других тем, что ...
Как представитель ... он(а) выбирает такие сюжеты, которые ...
Одна из его (её) наиболее знаменитых картин – это ...
Написана она в ... тонах.
Художник (художница) ...
Эта картина мне (не) нравится, потому что ...
Её композиция интересна тем, что ...
Фигуры образуют ...
Слева и справа видны ...
На заднем плане ...
На переднем плане ...
В центре ...
Вся картина вызывает у меня ...
Чтобы понимать идею картины, нужно ...
Осмотрев галерею, я вспомнил(а) ... и думал(а) о ...

Kultur

130 Musik → 67, 131

Meinen Walkman habe ich immer bei mir.

Мой плейер всегда при мне.

Ich höre viel Musik, vor allem <u>Rockmusik</u>.

Я очень часто слушаю музыку, прежде всего <u>рок-музыку</u>.

    Pop-Songs
    Klassik

    поп-музыку
    классическую музыку

Für <u>moderne Musik</u> habe ich wenig übrig.

Я мало интересуюсь <u>современной музыкой</u>.

    Chormusik
    Instrumentalmusik

    хоровой музыкой
    инструментальной музыкой

Ich höre fast nur Schlager.

Я слушаю почти исключительно шлягеры.

Ich gehe <u>zu Rockkonzerten</u>.
    zum Jazz-Festival

Я хожу <u>на концерты рок-музыки</u>.
    на джаз-фестиваль

Für <u>klassische Musik</u> fehlt mir das Verständnis.
    Blasmusik

Я плохо понимаю <u>классическую музыку</u>.
    духовую музыку

Zu Hause habe ich schon etliche CDs von …

Дома у меня есть уже несколько компакт-дисков с песнями …

Rockfestivals nehme ich auf Video auf.

Рок-фестивали я записываю на видео-плёнку.

Ich verpasse kein Rockfestival.

Я не пропускаю рок-фестивалей.

Musik hilft mir, <u>meine Aufgaben besser zu bewältigen</u>.
    Unangenehmes zu vergessen
    Frust abzubauen
    Probleme zu verdrängen

Музыка помогает мне <u>справиться с поставленными задачами</u>.
    забыть неприятное
    снять плохое настроение
    забыть о проблемах

Wir sind eine musikalische Familie.

Мы – семья музыкальная.

Ich spiele Klavier, meine Schwester Cello, mein Bruder müht sich auf der Oboe.

Я играю на фортепьяно, моя сестра на виолончели, мой брат упражняется в игре на гобое.

Vater spielt Trompete, Mutter Bratsche und Zither.

Отец умеет играть на трубе, мать на альте и на цитре.

Ständig übt einer.

Всё время кто-то упражняется в игре на инструменте.

Ich halte nicht viel von moderner Musik.

Современную музыку я не очень ценю.

Es macht mir Spaß, wenn wir gemeinsam musizieren.	Мне доставляет удовольствие заниматься музыкой в кругу семьи.
Leider spielt mein Freund kein Instrument.	К сожалению, мой друг не играет ни на одном инструменте.

131 **Zusätzlicher Wortschatz** → 73, 133

Autorenlied (Song eines Liedermachers)	авторская песня
ein Lied von einem Liedermacher aufzeichnen	записать / записывать авторскую песню
Avantgarde	авангард
die Avantgarde vorstellen	представить / представлять авангард
Blues	блюз
einen Blues anstimmen	заиграть блюз
Clip	клип
einen Videoclip zeigen	про/демонстрировать видеоклип
Ensemble	ансамбль
ein Ensemble begrüßen	встретить / встречать ансамбль
Folklore	фольклор
irische Folklore mögen	любить ирландский фольклор
schottische Folklore verwenden	использовать шотландский фольклор
Gastspiel	гастроли
zu einem Gastspiel kommen	приехать / приезжать на гастроли
Gitarre	гитара
zur Gitarre singen	с/петь под гитару
Gitarre spielen lernen	на/учиться играть на гитаре
sich auf der Gitarre begleiten	аккомпанировать себе на гитаре
Idol	кумир
die Idole der Rock-Szene kennen	знать рок-кумиров
Jazz	джаз
sich mit Jazztanz befassen	заняться / заниматься джазовым танцем
Jazz-Rock spielen	исполнить / исполнять джаз-рок
Kassette	кассета
eine Kassette schenken	по/дарить кассету
Komponist	композитор
sich an einen Komponisten erinnern	вспомнить / вспоминать композитора
Konzert	концерт
ein Konzert hören	по/слушать концерт
zum Konzert einladen	пригласить / приглашать на концерт
ein Konzert geben	выступить / выступать с концертом
Lied	песня
ein Lied singen	с/петь песню
ein Lied lernen	вы/учить песню

Liedermacher	бард
Musik	музыка
Musik aufführen	исполнить / исполнять музыку
der Musik sein Leben verschreiben	посвятить / посвящать музыке свою жизнь
Sängerin	певица
Schallplatte	грампластинка
Platten sammeln	собрать / собирать грампластинки
Show	шоу
eine Show veranstalten	устроить / устраивать шоу
Solist(in)	солист(ка)
als Solistin auftreten	выступить / выступать в качестве солистки
der Solistin Beifall spenden	аплодировать солистке
Star	звезда
Werk	произведение
ein Werk vertonen	озвучить / озвучивать произведение

132   **Как выразить своё отношение к музыке** → 130 – 131

… музыка мне не нравится, а … музыка мне нравится.
… музыка мне важна, потому что …
Она помогает в …
К … музыке я отношусь серьёзно.
Я люблю слушать …
Я предпочитаю …
Я (не) увлекаюсь …
Мой любимый певец – …
Моя любимая певица – …
Я считаю … хорошим исполнителем, так как …
Моя любимая группа …
Я считаю певицу … интересной.
Я считаю певца … нестандартным.

133   **Theater** → 11, 134 – 135

In unserer Stadt gibt es <u>ein kleines Theater</u>.	В нашем городе есть <u>маленький театр</u>.
einen modernen Konzertsaal	современный концертный зал
ein Opernhaus	оперный театр
Einmal im Monat gehe ich <u>ins Theater</u>.	Раз в месяц я хожу <u>в театр</u>.
ins Konzert	на концерт
Wir haben <u>ein Theateranrecht</u>.	У нас есть <u>абонемент в театр</u>.
ein Konzertanrecht	концертный абонемент

Ich gehe gern <u>zu Open-air-Konzerten</u>.　Я люблю ходить <u>на концерты под открытым небом</u>.

  zu Orgelkonzerten　 на концерты органной музыки

Liedermacher gefallen mir.　Барды мне нравятся.

Oft geht es <u>um Probleme unserer Zeit</u>.　Часто речь идёт <u>о проблемах нашего времени</u>.

  um die Liebe　 о любви

Ich sehe gern <u>Komödien</u>.　Я люблю смотреть <u>комедии</u>.
  Dramen　 драмы

Immer wieder beeindrucken mich <u>Ballettaufführungen</u>.　Большое впечатление производят на меня <u>балеты</u>.
  Opernaufführungen　 оперы

Ich schwärme für <u>Operetten</u>.　Я увлекаюсь <u>опереттами</u>.
  Musicals　 мюзиклами

Manchmal ist es schwer, Konzertkarten zu bekommen.　Иногда трудно достать билеты на концерт.

Ich sitze <u>im Parkett</u>.　Я сижу <u>в партере</u>.
  auf dem Rang　 на ярусе

134　**Zusätzlicher Wortschatz** → 11, 133

Applaus	аплодисменты
Bühne	сцена
Dirigent	дирижёр
Gestalt	→ 214 (10)
Orchester	оркестр
Pianist	пианист
Puppentheater	кукольный театр
Schauspieler	актёр
Schauspielerin	актриса
Schauspielhaus	драматический театр
Souffleur	суфлёр
Vorhang	занавес

135　**Как рассказать о посещении театра** → 141, 215 – 216

В последний раз я был(а) в театре …
Спектакль называется …
Действие спектакля происходит в … веке.
В этом спектакле рассказывается о …
Главные роли исполняли …

Я был(а) в восторге, потому что …
Исполнитель главной роли …
Я считаю … талантливым актёром (талантливой актрисой).
По-моему, постановка этого известного режиссёра заставляет думать о …

136 Film → 134, 215 – 216

Ich gehe (nicht) oft ins Kino.	Я (не) часто хожу в кино.
Die Kinokarte ist zu teuer.	Входной билет стоит слишком дорого.
Ich gehe nur dann ins Kino, wenn <u>tolle</u> Filme laufen.	Я хожу в кино только на <u>потрясающие фильмы</u>.
spannende	увлекательные фильмы
Am liebsten sehe ich <u>Krimis</u>.	Больше всего я люблю смотреть <u>детективы</u>.
Spielfilme	художественные фильмы
Thriller	триллеры / фильмы ужасов
Tierfilme	фильмы о животных
<u>Zeichentrickfilme</u> gefallen mir (nicht).	<u>Мультфильмы</u> мне (не) нравятся.
Abenteuerfilme	Приключенческие фильмы
populärwissenschaftliche Filme	Научно-популярные фильмы
Ich sehe gern Filme <u>mit Sylvester Stallone</u>.	Я люблю смотреть фильмы, в которых <u>играет Сильвестр Сталлоне</u>.
mit Laienschauspielern	играют любители
Ich hatte angenommen, daß „Die Hölle" ein deutscher Film sei. In Wirklichkeit kommt er aus Frankreich.	Я думал(а), что фильм "Ад" – немецкий. На самом деле это французский фильм.
Zu Hause nehme ich Filme auf Video auf.	Дома я записываю фильмы на видео.

137 Zusätzlicher Wortschatz → 73, 138

Abendvorstellung	вечерний сеанс
Anfang	начало
Aushang	афиша
Dokfilm-Festival	фестиваль документальных фильмов
Eintrittskarte	билет (в кино)
Filmaufnahme	киносъёмка
Filmausschnitt	кадр
Filmfestspiele	кинофестиваль
Filmstar	кинозвезда
Foyer	фойе
Hauptdarsteller	главный герой

Kinobar	бар в кинотеатре
Leinwand	экран
Nebenrolle	второстепенная роль
Platz	место
Regisseur	режиссёр
Reihe	ряд
Stuntman	дублёр
Studiokino	кинозал для показа некоммерческих фильмов
Tagesvorstellung	дневной сеанс
Vorhang	занавес
Werbung	реклама

138   Как рассказать о фильме → 133 – 135

Нам повезло, мы достали билеты на …

Фильм, о котором я буду рассказывать, называется …

Идёт …

Это … фильм.

В фильме говорится о …

В главной роли …

Другие роли исполняют …

В нём также участвуют …

Режиссёр фильма …

Музыку к фильму написал(а) …

Действие фильма происходит …

Фильм поставлен по одноимённому роману …

Развивается конфликт между …

Конец фильма …

Производит впечатление …

Мне (не) понравилось, что …

Сюжет фильма мне знаком по …

Мне невольно подумалось о …

Раз я уже видел(а) …

Стоит посмотреть …

Не стоит смотреть …

Фильм произвёл на меня … впечатление.

Literatur

`139` **Buch** → 73, 140 – 145, 215 – 216

Ich bin ein Bücherwurm.
    eine Leseratte
	Я книгоед.
	    книголюб

Ich interessiere mich für Gegenwarts-
literatur.
    für Belletristik
	Я интересуюсь современной
	литературой.
	    художественной литературой

Ich lese Comics.
    Kurzerzählungen
	Я читаю комиксы.
	    короткие рассказы

Ich lese gern Liebesromane.
 	
    Bücher über Abenteuer und Erfinder
	С большим удовольствием я читаю
	романы о любви.
	    книги о приключениях и
	    изобретателях

Ab und zu schmökere ich bis Mitternacht.	Иногда я зачитываюсь до полуночи.

Ich bin öfter in der Buchhandlung.
    im Antiquariat
	Я часто бываю в книжном магазине.
	    букинистическом

Ich sammle Bücher über Tiere und
Pflanzen.
    Reiseführer und Kochbücher
	Я собираю книги о животных и
	растениях.
	    путеводители и поваренные книги

Ich kaufe viele Bücher.
    verschenke
	Я покупаю много книг.
	    дарю

Comics und Sachbücher sind die großen Renner.	Комиксы и научно-популярная литера- тура пользуются особым спросом.
A. liest nur Bücher, die ein Happy-End haben.	А. читает только книги со счастливым концом.

`140` **Zusätzlicher Wortschatz** → 215 – 216

Abenteuerliteratur
    Abenteuerliteratur bevorzugen
	приключенческая литература
	    предпочесть / предпочитать
	    приключенческую литературу

Bibliothek
    sich in der Bibliothek anmelden
	библиотека
	    записаться / записываться в
	    библиотеку

Erzählung
    eine Erzählung schreiben
	рассказ
	    на/писать рассказ

Fabel
    sich für Fabeln begeistern
	басня
	    увлечься / увлекаться баснями

Gedicht	стихотворение
ein Gedicht übersetzen	перевести / переводить стихотворение
Genre	жанр
ein Genre der Literatur auswählen	выбрать / выбирать литературный жанр
Kinderbuch	детская книга
Kinderbücher ausleihen	взять / брать детские книги на дом
Kriminalroman	детектив
einen Krimi empfehlen	по/рекомендовать детектив
Lieblingsdichter	любимый писатель
den Lieblingsdichter nennen	назвать / называть любимого писателя
Märchen	сказка
ein Märchen vorlesen	про/читать вслух сказку

141   **Resümee** → 135 – 140, 145, 215 – 216

Как охарактеризовать литературное произведение

Моя любимая книга

Я хочу рассказать о книге …
… её мне порекомендовал(а).
Я случайно наткнулся (наткнулась) на эту книгу.
… я брал(а) из библиотеки.

… одна из моих любимых книг.
Автор книги …
Он(а) также написал(а) …
Его (её) темы …
В рассказе … речь идёт о …
Я сочувствовал(а) герою (героине), когда он(а) …
Сильное впечатление на меня произвёл (произвела, произвело, произвели) …
Особенно мне понравилось, что …
Так как … , то я считаю эту книгу одной из самых интересных.
Стоит прочитать …

Из языковых средств резюме-анализа

Рассказ называется …
Автором является …
Рассказ был написан в … году.
Это произведение на тему …
Автор рассказывает о …
Речь идёт о …

В романе говорится о …
Автор описывает …
Он(а) ставит вопрос о …

Главное содержание заключается в следующем: …
Действие происходит (начинается, кончается) в …
Действующие лица – это …
Главная героиня (Главный герой) – это …
Основной проблемой в книге является …
Автор затрагивает ситуацию …
Автор раскрывает перед читателем мир …
Писатель отмечает …
Он показывает конфликт между …
Я хотел(а) бы остановиться на …

Действие рассказывается от лица …
В событиях участвует рассказчик, который …
Рассказчик (не) является действующим лицом, он …
Рассказчик занимает место (выполняет функцию) …
Отношение рассказчика к автору характеризуется тем, что …
Отношение рассказчика к читателям такое: …
Как важные языковые средства автор употребляет …
Автор пишет … стилем.
Стиль повествования отличается тем, что …
Автор употребляет монологическую (диалогическую, косвенную …)
  речь, чтобы (потому что) …

На мой взгляд, в рассказе находит отражение …
В заключение можно сказать, что …
Я пришёл (пришла) к выводу, что …
Следует сделать вывод, что …

Из языковых средств резюме, восстанавливающего текст

Заглавие рассказа – …
Главная часть – …
Сначала …
Затем речь идёт о …
… сказал(а), что …
… думал(а), что …
… спросил(а), чтобы …
… ответил(а) …
… хотел(а) …
… решил(а) …
… реагировал(а) …
… предложил(а) …
В конце рассказа …

Direkte Rede	Indirekte Rede
Знакомая ему ответила: "Вечером будут гости".	Знакомая ему ответила, что вечером будут гости.
Мы им сказали: "Если бы мы не были очень заняты, мы приехали бы к вам".	Мы им сказали, что мы приехали бы к ним, если бы не были очень заняты.
"Расскажи нам, как это было раньше", — попросил Антон Борисович вахтёра.	Антон Борисович попросил вахтёра рассказать им, как это было раньше.
"Где вы проводили зиму?" — спросил его зубной врач.	Зубной врач спросил его, где он проводил зиму.
Офицер спросил няню: "Ты её давно знаешь?"	Офицер спросил няню, давно ли она её знает.

142   Gedicht → 13, 15, 139

Das Gedicht gefällt mir (nicht).	Стихотворение мне (не) нравится.

Die Verse stimmen mich <u>fröhlich</u>.
 	
   traurig
   nachdenklich
	Стихи вызывают у меня <u>весёлое</u> настроение.
	   грустное
	   задумчивое

Besonders haben es mir die Zeilen angetan, in denen über … geschrieben wird.	Глубокое впечатление произвели на меня те строки, в которых пишется о …
Die Worte „…" verbinden sich bei mir mit einem bestimmten Bild.	Слова "…" связываются у меня с определённой картиной.
Die Verse des Dichters (der Dichterin) lenken meine Gedanken auf …	Стихи поэта (поэтессы) направляют мои мысли на …
Der Verfasser (die Verfasserin) verwendet Symbole, um auf … hinzuweisen.	Автор пользуется символикой, чтобы указать на …

Hinter seinen (ihren) Worten <u>steht die Frage nach</u> …
   läßt sich das Problem … erkennen
   spürt man die Einstellung des Dichters (der Dichterin) zu …
	За его (её) словами <u>стоит вопрос о</u> …
	
	   можно обнаружить проблему …
	   чувствуется позиция автора по …

Dieser Eindruck wird dadurch <u>hervorgerufen</u>, daß …
   verstärkt
	Это впечатление <u>вызвано</u> тем, что …
	
	   усиливается

Unwillkürlich muß ich an … denken.	Невольно мне приходится думать о …
Die poetische Sprache ist von großer Kraft.	Поэтическому языку свойственна большая выразительная сила.

Der Dichter (die Dichterin) <u>erzählt eine einfache Begebenheit</u>.	Автор <u>рассказывает обыкновенную историю</u>.
wählt passende Vergleiche und Umschreibungen	употребляет подходящие сравнения и метафоры
läßt die Natur als belebt erscheinen	изображает природу как живое существо
zeigt uns eine Welt des Wunderbaren	открывает перед нами мир чудес
lädt uns in das Reich der Träume ein	приглашает нас в мир мечтаний
weckt die Hoffnung	пробуждает надежду
spendet Trost	утешает людей
zeigt Mitleid mit …	демонстрирует сострадание к …
ruft zum Handeln auf	призывает к действию
Nach dem Lesen des Gedichts habe ich <u>Sehnsucht nach … empfunden</u>.	Прочитав стихотворение, <u>я почувствовал(а) тоску по …</u>
mich traurig gefühlt	я почувствовал(а) грусть, мне стало грустно
mich besser gefühlt	я почувствовал(а) себя лучше
Empörung über … gespürt	я почувствовал(а) возмущение … (кем, чем)
Das Gedicht hat mich auf … neugierig gemacht.	Стихотворение вызвало у меня интерес к …
Der Dichter (Die Dichterin) lebte von … bis … und war Zeitgenosse (Zeitgenossin) von…	Писатель(ница) жил(а) с … по … и был(а) современником (современницей) …
Sein (Ihr) Schaffen spiegelt … wider.	Его (Её) творчество отражает …
In seinen (ihren) Werken spürt man …	В его (её) произведениях чувствуется (чувствуются)…
Ich werde noch andere Gedichte von … lesen.	Я буду читать ещё другие стихи …
Ich möchte diese Verse auswendig lernen.	Мне хотелось бы выучить эти стихи наизусть.

Fragen zu Kunst, Kultur, Literatur

143 **Fragen zur Kunst** → 122 – 124, 127 – 142

Ты интересуешься искусством?
Какие архитектурные достопримечательности есть в твоём
    родном городе?
Какое здание тебе особенно нравится? Почему?
Кто построил это здание? Когда?
Какие знаменитые архитекторы жили в твоём родном городе?

Какой архитектурный стиль тебе нравится?
В чём заключается секрет, который позволяет архитекторам
    строить высотные дома, не опасаясь землетрясений?
Ты осмотрел(а) церкви в этом городе?
Ты читал(а) в Ветхом завете о Вавилонской башне?
Ты любишь ходить в музей?
Какие музеи тебя интересуют?
Какой русский живописец тебе нравится больше всех?
Знаешь ли ты художника Шишкина ?
Какая картина тебе нравится больше всего? Почему?

144 **Fragen zur Kultur** → 17, 130 – 138

Как вы относитесь к классической музыке?
Вы согласны с тем, что современный человек должен знать
    классику?
У вас есть любимый бард?
Кто ваш кумир?
Какой симфонический оркестр вам нравится больше всего?
Что вам понравилось в пьесе … ?
У тебя много пластинок и автографов?
Ты часто ходишь в кино?
Какие фильмы ты любишь смотреть?
Есть ли актриса, которая тебе особенно нравится?
Тебя интересует магия?
Кого ты считаешь самым выдающимся иллюзионистом
    современности?

145 **Fragen zur Literatur** → 139 – 142

Поэзия

Какие стихи ты любишь читать?
Какое стихотворение твоё любимое?
Кто автор стихов?
Есть ли связь между жизненными переживаниями автора и
    его стихами?
Кто лирический герой?
Как изменяется состояние лирического героя?
Каким ты видишь лирического героя?
Повторяются ли некоторые слова и мотивы?
Можно заметить в стихотворении фольклорные элементы?
Использует ли автор аллитерацию?
По какому принципу составлены строфы?
Какие ассоциации вызывает у тебя образ героя?

Чувствуется ли, что автор женщина?
Как можно понимать слова … ?
В чём можно видеть смысл стихотворения?

Беллетристика

Какие книги ты любишь читать?
Какая книга твоя любимая?
Кто её написал?
Почему она тебе нравится?
Какие проблемы книга поднимает?
О чём (О ком) в ней идёт речь?
Кто персонаж рассказа?
Где происходит действие?
Когда происходит действие?
Как развивается действие?
В чём заключается конфликт?
Почему возникает конфликт?
Как решается конфликт?
Какую роль играет в произведении рассказчик?
Какие размышления автора вызывают веру в хорошее
    в человеке?
Какими художественными средствами пользуется автор,
    чтобы передать свою идею?
Почему рассказ произвёл на тебя большое впечатление?
О каких других произведениях напоминает тебе это произведение?

У тебя есть дома своя библиотека?
Сколько в ней приблизительно томов?
Какие жанры литературы ты предпочитаешь?
Какие современные авторы тебе особенно нравятся?
Литературу каких стран и народов ты знаешь?
О чём ты хотел(а) бы узнать из этих книг?
Смог(ла) бы ты сочинить стихи или написать небольшой рассказ?

Feiern, Feste, Besinnung

Feiern

146   Fasching → 29, 205

Zum Fasching ist immer was los.	На карнавале всегда очень весело.
Es herrscht Kostümzwang.	Каждый участник карнавала обязан надеть маскарадный костюм.

Ich gehe <u>als Ritter</u>.
   als Tod
   als Teufel
   als Gentleman
   als Lady

Я буду в костюме <u>рыцаря</u>.
   костлявой старухи с косой
   дьявола
   джентльмена
   леди

Im letzten Jahr bin ich als Nixe gegangen.

В прошлом году я была в костюме русалки.

Ich trage <u>eine Perücke</u>.
   eine Maske

Я надену <u>парик</u>.
   маску

Ich nehme <u>einen Fächer</u>.
   ein Lorgnette

Я возьму с собой <u>веер</u>.
   лорнет

Es wird wieder <u>Konfetti</u> regnen.
   Bonbons

Будут опять дожди <u>конфетти</u>.
   конфет

Wir essen Pfannkuchen.

Мы еди́м пончики.

Im Laufe des Abends wird die Faschingsprinzessin gewählt.

В течение вечера избирается принцесса карнавала.

<u>Das allerschönste</u> Kostüm wird prämiert.	<u>Самый красивый маскарадный</u> костюм будет отмечен премией.
Das einfallsreichste	Самый фантастический
Das ungewöhnlichste	Самый необыкновенный
Das ökologischste	Самый экологический
Fasching <u>hat mir gefallen</u>.	Карнавал <u>мне понравился</u>.
war langweilig	мне показался скучным
war blöd	мне показался дурацким

147 Zusätzlicher Wortschatz → 29, 67, 73

Aschermittwoch	среда на первой неделе Великого поста
Bütt	пёстро раскрашенная бочка
Karussell	карусель
Karussell fahren	кататься на карусели
Rosenmontag	последний понедельник масленицы, день карнавального шествия
Schaukel	качели
schaukeln	качаться на качелях
Schellen (Glöckchen)	бубенцы
Straßenumzug	карнавальное шествие
Verkaufsstand	торговая палатка

148 Geburtstag → 12, 18 – 20, 29, 196

Leider ist Geburtstag nur einmal im Jahr.	К сожалению, день рождения бывает только раз в год.
Am 15. Oktober ist mein Geburtstag.	Пятнадцатого октября день моего рождения.
Ich freue mich auf meinen Geburtstag, weil <u>meine Freunde</u> kommen.	Я с радостью жду своего дня рождения, потому что придут <u>мои друзья</u>.
Gäste	гости
Ich lade alle meine Freunde (Freundinnen) ein.	Я приглашу всех своих друзей (подруг).
Mein Freund kommt auch.	Мой друг также придёт.
Meine Mutter bäckt immer selbst.	Моя мама всегда сама печёт.
Von meiner Oma habe ich <u>einen Armreif</u> bekommen.	Моя бабушка подарила мне <u>браслет</u>.
Ohrringe	серьги
einen Ring	кольцо

Mein Vater hat mir <u>einen Computer</u> geschenkt.	Мой папа подарил мне <u>компьютер</u>.
einen Taschenrechner	микрокалькулятор
zwei Theaterkarten	два билета в театр
Wir machen Spiele und tanzen.	Будем играть и танцевать.
Später schauen wir uns Videos an.	Позднее посмотрим видеофильмы.
Wir feiern <u>im Garten</u>.	Будем праздновать <u>в саду</u>.
im Wochenendhäuschen	на даче
Als Überraschung habe ich <u>eine Tombola vorbereitet</u>.	Как сюрприз я <u>подготовил(а) вещевую лотерею</u>.
eine Dampferfahrt organisiert	организовал(а) экскурсию на пароходе
Letztes Mal haben wir schöne Fotos gemacht.	В прошлый раз мы сделали красивые фотоснимки.

149 **Zusätzlicher Wortschatz** → 25, 232	
Blumenstrauß	букет цветов
Hochzeit	свадьба
Jugendweihe	→ 214 (1)
Kindtaufe	крестины
Kommunion	причастие
Konfirmation	конфирмация
Namenstag	именины
Polterabend	вечеринка накануне свадьбы
Richtfest	праздник по случаю подведения дома под крышу
Schulabschlußfest	выпускной бал
Verlobung	обручение
Vorahnung	предчувствие

150 **Как сказать о праздниках** → 15, 148

Праздник называется …
Обычай отмечается (празднуется) в … месяце.
Праздник посвящён (… посвящена, … посвящено) …
Отмечается праздник согласно легенде … (согласно библейскому
      преданию о … , согласно поверью)
Этот праздник означает, что …
Участвуют в празднике …
Этот праздник готовят …
Мы украшаем …

Накануне праздника …

В этот день готовят (пекут, едят, пьют, ходят в костюмах, носят …)

Днём …

В этот день ходят в гости к …

Церемония происходит перед …

В этот день продают …

Выступают … , играют …

Будут аттракционы, как например, …

Feste

151 **Advent** → 12, 15, 67, 205

Die Weihnachtszeit beginnt mit dem Advent.	Рождественское время начинается с адвента.
Vier Sonntage vor Heiligabend wird ein erstes Licht im Adventskranz angezündet.	За четыре недели перед Рождеством, в воскресенье, зажигается первая свеча в предрождественском венке.
An jedem folgenden Sonntag kommt ein neues Licht hinzu.	В каждое последующее воскресенье добавляется по свече.
Mein kleinerer Bruder hat einen Advents-kalender und öffnet im Dezember jeden Tag ein neues Fenster, bis der 24. Dezember da ist.	У моего младшего брата есть пред-рождественский календарь. В декабре он каждый день открывает небольшое окошечко в календаре, пока не наступает 24 декабря.
Am 6. Dezember ist Nikolaus.	6 декабря – день Святого Николая.
Bei uns legt der Nikolaus den Kindern Geschenke (oder eine Rute) in die Schuhe.	У нас Святой Николай кладёт подарки (или розгу) в ботинки ребят.
In der Adventszeit <u>wird viel gebastelt</u>.	В предрождественское время <u>много мастерят</u>.

werden Plätzchen gebacken
wird Stollen gebacken

werden Geschenke gekauft
wird viel gesungen

пекут круглое печенье
пекут (рождественский) пирог
→ 214(1)
покупают подарки
много поют

152 **Heiligabend, Erster, Zweiter Weihnachtsfeiertag**
→ 12, 25, 160 – 164

Am Heiligabend geht es bei uns feierlich zu.	В Рождественский Сочельник у нас царит торжественное настроение.
In vielen Familien wird am Vormittag der Weihnachtsbaum geschmückt.	Во многих семьях до обеда украшают ёлку.

Viele Menschen gehen in die Kirche, um das <u>Weihnachtsevangelium zu hören</u>.
   Krippenspiel zu sehen
	Много людей ходит на церковные торжества, чтобы <u>слушать Евангелие</u>.
	   присутствовать на Рождественском действе.

Bei uns gibt es die Bescherung <u>am frühen Abend</u>.
  … , wenn es draußen dunkel wird
	У нас раздача рождественских подарков происходит <u>к вечеру</u>.
	  … , когда на улице темно

Fast überall in Deutschland gibt es zu Weihnachten ein besonderes Essen.	Почти везде в Германии на Рождество подаются особые блюда.
Die Feiertage gelten als Fest der Familie.	Рождественские праздники считаются праздниками семьи.
Man geht zur Kirche, zu Besuch, hört sich Konzerte an.	Люди ходят в церковь, навещают друг друга, слушают концерты.

Viele nutzen zunehmend die Gelegenheit, <u>über Weihnachten</u> zu verreisen.
 	
  über Neujahr
	Многие всё чаще пользуются возможностью уезжать <u>на время Рождественских праздников</u>.
	  на время новогодних выходных дней

Weihnachten wird überall in Deutschland etwas anders begangen.	В Германии Рождество отмечается везде по-разному.

153 **Zusätzlicher Wortschatz** → 12, 25, 160 – 164

Adventsstern	предрождественская звезда
Adventssingen	предрождественские пения
Baumschmuck	ёлочные украшения

Bergmann und Engel
  Bergmann und Engel ins Fenster stellen
	рудокоп и ангел
	  выставить / выставлять рудокопа и ангела в окне

Brauch, Sitte	обычай
Christkind	младенец Христос

Freude
  Freude bereiten
	радость
	  доставить / доставлять радость

Knecht Ruprecht	Дед Мороз
Lametta	серебряный (золотой) дождь

Nikolaus	Святой Николай
auf den Nikolaus warten	ждать Святого Николая
Nußknacker	щелкунчик
Pfefferkuchen	пряник
Pyramide	пирамида
Räuchermännchen	курящий человечек
rituelle Handlung	обряд
Schwibbogen	подпорная арка
Spieluhr	музыкальная шкатулка
eine Spieluhr aufziehen	завести / заводить музыкальную шкатулку
Überraschung	сюрприз
Weihnachtslied	рождественская песня
ein Weihnachtslied singen	с/петь рождественскую песню
Weihnachtsmann	рождественский Дед Мороз
dem Weihnachtsmann ein Gedicht aufsagen	про/читать Деду Морозу стихотворение наизусть
sich als Weihnachtsmann verkleiden	нарядиться / наряжаться Дедом Морозом
Weihnachtsmarkt	рождественская ярмарка
Wunschzettel	список желаемых подарков

154   Ostern → 88, 196

Ostern wird <u>als Fest der Auferstehung Jesu Christi</u> gefeiert.	Пасха празднуется <u>как праздник воскресения Иисуса Христа</u>.
als Fest des Frühlings	как праздник весны
als Fest des Erwachens der Natur	как праздник пробуждения природы
Die katholischen Sorben in der Lausitz veranstalten alljährlich das Osterreiten.	Лужицкие сербы-католики ежегодно устраивают пасхальные катания верхом.
Am Ostermorgen suchen die Kinder Ostereier und Süßigkeiten, die der Osterhase gebracht und versteckt hat.	В Пасхальное воскресенье утром дети ищут яйца и сладости, принесённые и спрятанные пасхальным зайцем.
In vielen Gegenden Deutschlands werden Sträucher und Bäume mit Ostereiern geschmückt.	Во многих местностях Германии кусты и деревья украшают пасхальными яйцами.
Extra für Ostern werden Kuchen in besonderen Formen gebacken.	Специально к Пасхе в особых формах пекут печенье.
Ostereier werden bemalt oder gefärbt.	Пасхальные яйца раскрашивают или красят.
Ich muß an Goethes „Osterspaziergang" denken.	Мне вспоминаются стихи Гёте "Пасхальная прогулка".

155 Zusätzlicher Wortschatz → 15, 93 – 94, 110

Osterbrauch	пасхальный обычай
Osterfeuer	пасхальный костёр
Ostergruß in Rußland:	– Христос воскресе!
	– Воистину воскресе!
Osterhase	пасхальный заяц
Osternest	гнездо для пасхальных подарков
Osterwasser	пасхальная вода
Osterwasser holen	сходить за пасхальной водой

156 Pfingsten → 15, 93 – 94, 109

Zu Pfingsten blüht und grünt alles.	В Троицу кругом всё цветёт и зеленеет.
Mein Bruder geht zu Pfingsten zum Gottesdienst.	Мой брат в Троицын день ходит на богослужение.
Über Pfingsten fahren wir weg.	На Троицу мы уезжаем.
Wir planen eine Pfingstpartie.	Во время Троицы мы хотим поехать на экскурсию.
Wir wollen ins Grüne.	Мы хотим выехать за город.

Wir schmücken <u>unsere Fahrräder</u>.
   einen Leiterwagen
   das Gespann
	Мы украшаем <u>наши велосипеды</u>.
	   телегу
	   упряжку

Wir treten im Fußball gegen die Mannschaft unserer Nachbarstadt an.	Мы играем в футбол против команды соседнего города.
Pfingsten ist ein fröhliches Fest.	Троица – это весёлый праздник.
Abends ist Tanz.	Вечером будут танцы.

157 Zusätzlicher Wortschatz → 73, 163 – 164

Pfingstbaum	троицыно деревце
Pfingstkönigin	троицына королева
Pfingstochse	выряженный троицын вол

158 Erntedankfest → 15, 163 – 164

Im Herbst feiern wir das Erntedankfest.	Осенью мы отмечаем праздник урожая.
Die Ernte ist zum größten Teil eingebracht.	Уборка урожая в основном закончена.

In der Kirche wird der Altar mit Blumen, Früchten und Ähren geschmückt.

Алтарь в церкви украшается цветами, фруктами и колосьями.

Es wird für die Ernte des Jahres gedankt.

В молитвах благодарят Бога за нынешний урожай.

Vielerorts werden Spiele und Tanzabende veranstaltet.

Повсюду устраиваются игры и танцы.

159 **Zusätzlicher Wortschatz** → 15

Erntefest
Erntekranz
Erntestrauß
   Erntesträuße binden
Kirchweihfest, Kirmes

праздник урожая
венок из колосьев
сноп
   с/вязать снопы
праздник освящения церкви

Besinnung

160 **Gotteshäuser** → 122

In den Ferien haben wir uns auch Kirchen angesehen.
   ein Kloster
   eine Synagoge

Во время каникул мы также осматривали церкви.
   монастырь
   синагогу

Wir waren sehr beeindruckt.

Мы были глубоко поражены.

Wo ich wohne, gibt es eine evangelische und eine katholische Kirche.
   neuapostolische

Там, где я живу, есть евангелическая и католическая церкви.
   новоапостольская

Die Kirche stammt aus dem 13. Jahrhundert.

Церковь построена в XIII веке.

Sie wurde der Heiligen Anna geweiht.

Построили её в честь Святой Анны.

Man kann hier verschiedene Baustile entdecken.

Здесь можно обнаружить разные архитектурные стили.

Es sind z.B. Elemente der Gotik.
   des Barocks

Это, например, элементы готики.
   барокко

In unserer Stadt gibt es eine jüdische Gemeinde und andere Glaubensgemeinschaften.
   baptistische Gemeinde

В нашем городе есть еврейская община, а также другие религиозные общины.
   баптистская община

Unsere ausländischen Mitbürger haben ebenfalls Gotteshäuser.

Наши иностранные сограждане тоже имеют свои храмы.

Ich schaue mir gern Kirchen an.	Я люблю осматривать церкви.

Ich bin von der <u>prachtvollen Ausstattung</u> beeindruckt.
   Schlichtheit
	Я поражён (поражена) <u>роскошным убранством</u>.
	   простотой

161   Bibel   → 67 – 69, 163

Die Bibel halte ich für eines der weisesten Bücher.	Библию я считаю одной из самых мудрых книг.

Ohne Kenntnisse aus der Bibel kann man <u>Puschkin und Tolstoi</u> nicht verstehen.
   Goethe, Raphael, Mozart …
	Без знания Библии нельзя понять <u>Пушкина и Толстого</u>.
	   Гёте, Рафаэля, Моцарта …

162   Gott   → 67 – 69, 163

Wir glauben (nicht) an Gott.	Мы (не) верим в Бога.
Woran soll man glauben?	Во что верить?

Ich glaube <u>an mich</u>.
   an die Vernunft
	Я верю <u>в себя</u>.
	   в разум

Ich glaube an nichts.	Я ни во что не верю.

Ich gehöre <u>der evangelischen Kirche</u> an.
 	
   der katholischen Kirche
	Я прихожанин (прихожанка) <u>евангели-ческой церкви</u>.
	   католической церкви

Bei uns zu Hause gehört niemand einer Religionsgemeinschaft an.	В нашей семье никто не принадлежит к религиозной общине.

Manchmal <u>frage ich, ob es einen Gott gibt</u>.
   bete ich
	Иногда я <u>сомневаюсь, есть ли Бог</u>.
	   молюсь

Ohne Gott wäre mein Leben leer.	Без Бога жизнь моя была бы пустой.
Viele sind der Meinung, daß sich Gott in der Natur verkörpert.	Многие считают, что Бог – это природа.
Wir sollten die Religion eines jeden Volkes achten.	Мы должны уважать религию каждого народа.

163   Zusätzlicher Wortschatz   → 164

Abendmahl
   am Abendmahl teilnehmen
Altar
   den Altar schmücken
	причастие
	   участвовать в причастии
	алтарь
	   украсить/ украшать алтарь

Altes Testament	Ветхий Завет
die Geschichten des Alten Testaments kennen	знать предания Ветхого Завета
Bibel	библия
Empore	хоры́
Gebet	молитва
beten	по/молиться
Gleichnis	притча
Gebot	заповедь
die zehn Gebote befolgen	по/следовать десяти заповедям
Gläubige	верующие
Gott	Бог
an Gott glauben	верить в Бога
auf Gott vertrauen	по/надеяться на Бога
Gottesdienst	богослужение
regelmäßig zum Gottesdienst gehen	регулярно ходить на богослужение (на службу)
Kanzel	кафедра
Kirche	церковь
die Kirche schmücken	украсить / украшать церковь
Kirchenfenster (bemalte)	расписные окна в церкви
Kirchturm	колокольня, церковная башня
den Kirchturm besteigen	подняться / подниматься на колокольню
Liturgie	литургия
Neues Testament	Новый Завет
Orgel	орга́н
Orgelmusik hören	слушать орга́нную музыку
Predigt	проповедь
Segen	благословение
den Gläubigen den Segen spenden	благословить / благословлять верующих
den Segen empfangen	принять / принимать благословение

164 **Fragen zu Feiern, Festen, Besinnung** → 151 – 163

Какой праздник ты считаешь самым большим?
Важно ли отмечать праздники?
Есть люди, которые поддерживают, сохраняют или возрождают
    традиции. Другие этого не делают. А какова твоя позиция?
Какие обычаи живы в вашей семье?
Ты любишь осматривать церкви?
Как в твоей стране относятся к религии, обычаям, обрядам?
Какую роль играет Бог в жизни человека?
Чем интересны религии других народов?

Umwelt, Arbeit, Politik

Umwelt

165 **Belastung, Bewußtsein, Zukunft** → 67

Die Umweltbelastung nimmt ständig zu.

Воздействие на окружающую среду постоянно увеличивается.

Wo soll <u>die Umweltverschmutzung</u> noch hinführen?
    der Trinkwassermangel
    das Waldsterben

Куда нас ещё заведёт <u>загрязнение окружающей среды</u>?
    нехватка питьевой воды
    гибель лесов

<u>Das Ozonloch</u> ist eine echte Bedrohung des Lebens auf der Erde.
    Die Luftverschmutzung

<u>Озоновая дыра</u> является настоящей угрозой жизни на Земле.
    Загрязнение воздуха

Die letzte Greenpeace-Aktion sorgte <u>in der Presse</u> für viel Aufregung.
    unter der Bevölkerung

Последняя акция "Гринпис" вызвала бурную реакцию <u>в прессе</u>.
    среди населения

Nicht alle Menschen erkennen die Notwendigkeit des Umweltschutzes.

Не все люди сознают необходимость охраны окружающей среды.

Wir sorgen uns um unsere Zukunft.

Мы заботимся о нашем будущем.

Jeder kann etwas für die Umwelt tun.

Каждый может что-то делать для защиты окружающей среды.

Wir verwenden keine unnötigen Chemieprodukte.

Мы не применяем излишних химических средств.

Wir sortieren unseren Hausmüll.

Мы сортируем наш домашний мусор.

Wir gehen mit Wasser sparsam um.

Wir sparen Wasser.

Мы бережливо обращаемся с водой.

Мы экономим воду.

166 **Zusätzlicher Wortschatz** → 167

Abfall	отходы
Atom- und Wasserstoffbombentest	испытание атомного и водородного оружия
Atom- und Wasserstoffbombentests unter der Erde, zu Wasser und in der Atmosphäre verbieten	запретить / запрещать испытания атомного и водородного оружия под землёй, под водой и в атмосфере
Ausstoß	выбросы
den Ausstoß in die Atmosphäre messen	измерить / измерять выбросы в атмосферу
Elektroauto	электромобиль
(End)Lagerung radioaktiver Abfälle	захоронение радиоактивных отходов → 214 (4)
Gelbe Tonne	
Giftmüll	ядовитые отходы
Grüner Punkt	→ 214 (4)
Kernkraftwerk	атомная электростанция
ein Kernkraftwerk abschalten	остановить / останавливать атомную электростанцию
Lebensweise	образ жизни
Niederschläge	осадки
radioaktive Niederschläge messen	измерить / измерять радиоактивные осадки
Reinigungsanlagen	очистные сооружения
Reinigungsanlagen mit Filtern ausstatten	снабдить / снабжать очистные сооружения фильтрами
saurer Regen	кислотные дожди
sauren Regen feststellen	регистрировать кислотные дожди
Umweltschutz	охрана окружающей среды
Verpackung	тара, упаковка
Smog	смог
bei Smog das Auto stehen lassen	при смоге не пользоваться автомобилем
Umweltkatastrophe	экологическая катастрофа
eine Umweltkatastrophe verhindern	предотвратить / предотвращать экологическую катастрофу
Verklappung von atomarem Abfall	захоронение ядерных отходов в океане
gegen Verklappung von atomarem Abfall protestieren	протестовать против захоронения ядерных отходов в океане
Verschmutzung der Umwelt	загрязнение окружающей среды
Verschmutzung der Umwelt verhindern	предотвратить / предотвращать загрязнение окружающей среды

Verschmutzung des Erdreichs durch technische Öle	загрязнение почвы техническими маслами
Verschmutzungen des Erdreichs durch technische Öle beseitigen	нейтрализовать загрязнение почвы техническими маслами
Zerstörung von Architekturdenkmälern	разрушение архитектурных памятников
Zerstörung von Architekturdenkmälern bemerken	заметить / замечать разрушение архитектурных памятников

167 **Как выразить свою точку зрения на проблемы окружающей среды** → 67

Состояние окружающей среды меня волнует, потому что …
Я вижу проблемы в ресурсах воды, в …
Я не могу понять, почему дискуссия о гибели лесов …
Я думаю, что нужны решительные меры по …
Я хочу внести свой вклад в сохранение окружающей среды.
    Поэтому я …
Редко выявляют тех, кто нарушил законы по …
Порой только тогда принимают меры безопасности, когда
    несчастье уже случилось, как, например, …
Давно (Недавно) я решил(а) участвовать в мероприятиях и
    акциях организации … по очищению реки … ,
    по очищению лесного массива под … , по …
Своих друзей я буду информировать о проблемах …
Приходится думать, правильно ли мы живём …

Arbeit

168 **Arbeitsmarkt, Flexibilität, Umschulung** → 50

Die Situation auf dem Arbeitsmarkt ist angespannt.	Ситуация на рынке труда напряжённая.
Es werden neue Arbeitsplätze geschaffen.	Создаются новые рабочие места.
Ich habe Aussicht auf Arbeit.	У меня есть надежда получить работу.
Ich habe <u>ein Problem weniger</u>. ein Problem mehr	У меня <u>одной проблемой меньше</u>. одной проблемой больше
Mein neuer Arbeitsweg ist (nicht) weit.	Мне (не)далеко ехать на новую работу.
Ich werde <u>mehr</u> verdienen. weniger	Я буду зарабатывать <u>больше</u>. меньше
Ich werde mehr gefordert.	Мне надо больше трудиться.
Ich werde <u>in drei Schichten arbeiten</u>. die Schicht wechseln	Я буду <u>работать в три смены</u>. менять смену

Meine Schwester macht <u>sich selbständig</u>.
eine Umschulung

Ich bewundere ihren Mut.

Man braucht Startkapital, um <u>in dieses
Geschäft einzusteigen</u>.
in dieser Branche Fuß zu fassen

Mein Bruder ist (nicht mehr) arbeitslos.

Meine Mutter hat eine flexible Arbeitszeit.

Моя сестра <u>открывает своё дело</u>.
учится на курсах переквалификации

Я восхищаюсь её смелостью.

Нужен стартовый капитал, чтобы
<u>войти в это дело</u>.
встать на ноги в этой отрасли

Мой брат (уже не) безработный.

У моей матери скользящий график
рабочего времени.

169   **Zusätzlicher Wortschatz** → 54 – 55, 171, 175

Arbeitslosenunterstützung
   Arbeitslosenunterstützung beantragen

Straßenhandel
Teilzeitarbeit
   eine Teilzeitarbeit antreten

пособие по безработице
   подать / подавать заявление на
   пособие по безработице
уличная торговля
неполный рабочий день
   поступить / поступать на работу с
   сокращённым рабочим днём

170   **Как выразить свою точку зрения на проблему "работа"**
   → 56 – 57, 60

Я думаю, что работа – это жизнь и ...
Моё отношение к работе изменилось, когда ...
Работа, которая хорошо оплачивается, ...
По-моему, в будущем больше ... , чем ...
Эта ситуация не обойдётся без ...
Иметь рабочее место – это значит ...
Один из выходов – рабочее место с неполным рабочим днём и ...

Politik

171   **Demokratie, Wahlen, Parteien** → 172, 176

Manche junge Leute interessieren sich
für Politik, manche nicht.

Ich finde Politik (nicht sehr) aufregend.

Ich glaube (nicht), daß ich alle politischen
Ereignisse immer richtig einordnen kann.

Es gibt viele politische Richtungen, die
Orientierung fällt nicht leicht.

Одни юноши и девушки интересуются
политикой, другие нет.

Политика меня (не очень) волнует.

Я (не) думаю, что могу правильно
оценить все политические события.

Существует много политических
направлений и ориентироваться в
них нелегко.

Man muß <u>etwas tun für die Zukunft</u>.	Надо <u>делать что-то для будущего</u>.
Vorurteile entkräften	бороться с предубеждениями
Ich denke, es würde sich vieles ändern, wenn mehr Frauen in der Regierung wären.	Я думаю, что многое изменилось бы, если бы в правительстве было больше женщин.
Der Wahlkampf <u>ist in vollem Gange</u>.	Предвыборная борьба <u>уже в полном разгаре</u>.
wird vorbereitet	готовится
ist vorüber	завершилась
Bestimmte Parteien lehne ich <u>wegen ihrer Ausländerfeindlichkeit</u> ab.	Некоторые партии я отвергаю <u>из-за их враждебности к иностранцам</u>.
wegen ihrer Wirtschaftspolitik	из-за их экономической политики
wegen ihrer Europapolitik	из-за их европейской политики
wegen ihrer Vergangenheit	из-за их прошлого
Ich meine, daß Demokratie von Aktivität lebt.	Я считаю, что демократия жива активностью людей.
Es ist meine Meinung, daß nur der verändern kann, der sich am gesellschaftlichen Leben beteiligt.	Я полагаю, что только участвующие в общественной жизни помогают её изменить.
Niemand wünscht, daß die Spannungen in … zunehmen.	Никто не желает, чтобы напряжённость в … нарастала.
Ich hoffe, daß sich die Beziehungen zu … stärker entwickeln werden.	Я надеюсь, что связи с … будут крепнуть.
Es kann sein, daß ich mich politisch engagieren werde.	Быть может, я приму активное участие в политической жизни.

172   **Zusätzlicher Wortschatz** → 54 – 55, 171, 173, 176

Arbeitgeber	работодатель
Arbeitnehmer	рабочий (служащий), работающий по найму
Arbeitsamt	биржа труда, бюро по трудоустройству
Betriebsrat	совет предприятия
Bundesrat	бундесрат
Bundestag	бундестаг
Bürgerinitiative	гражданская инициатива
eine Bürgerinitiative für Lärmschutz gründen	образовать / образовывать гражданскую инициативу (движение) по защите от шума
Gewalt	насилие
die Anwendung von Gewalt verurteilen	осудить / осуждать применение насилия

GmbH	(ООО) общество с ограниченной ответственностью
Gewerkschaft	профсоюз
Kriminalität (Verbrechertum)	преступность
die Kriminalität bekämpfen	вести борьбу с преступностью
Landesregierung	земельное правительство
Landtag	ландтаг
Parteien des 13. Deutschen Bundestages	партии 13 Немецкого бундестага
CDU	(ХДС) Христианско-демократический союз
CSU	(ХСС) Христианско-социальный союз
SPD	(СДПГ) Социал-демократическая партия Германии
Bündnis 90 / Die Grünen	Союз 90 / Зелёные
FDP	(СДП) Свободная демократическая партия
PDS	(ПДС) Партия демократического социализма
Parteienstreit	споры между партиями
den Parteienstreit ausräumen	уладить / улаживать споры между партиями
Personalrat	совет служащих
Versicherungsgesellschaft	страховая компания
Währungsunion	валютный союз
die Währungsunion vorantreiben	ускорить / ускорять создание валютного союза
Wirtschaftsunion	экономический союз
eine Wirtschaftsunion anstreben	добиться / добиваться экономического союза

173 **Как выразить свою точку зрения о политике** → 171, 176

Политика меня (не) интересует, потому что ...
Я надеюсь, что политика ...
Вступить в партию ... означает для меня ...
По-моему, только тот, кто сам активно работает в
    общественной жизни ...
Больше всего я ценю в политике ...
Если бы среди политиков было больше ...

Fragen zu Umwelt, Arbeit, Politik

174 | **Fragen zur Umwelt** → 166 – 167

Может ли каждый вносить свой вклад в защиту окружающей среды?
Какие телепередачи об экологии интересны и информативны?
Как ты думаешь, чего можно добиться акциями "Гринпис"?
Какое влияние оказывают "зелёные" на местную политику в … ?
Как ты думаешь, почему некоторые люди так равнодушны
    к проблемам окружающей среды?
Имеет ли смысл сортировать мусор?

175 | **Fragen zur Arbeit** → 168 – 170

Как у вас с работой?
Какие профессии пользуются большим спросом?
Получает ли каждый выпускник школы рабочее место?
Сколько денег получает в месяц учащийся первого курса
    профтехучилища (ПТУ)?

176 | **Fragen zur Politik** → 171 – 173

Ты интересуешься политикой? Почему (нет)?
Ты принимаешь участие в общественной жизни?
Почему одни партии умеют заинтересовать молодых людей,
    а другие нет?
Что может означать политическая работа для молодого
    человека?
Какой резонанс имели выборы в … ?
Как ты думаешь, все ли люди хотят мира?

Heimat, Rußland und Deutschland, Europa

Heimat

177 **Situation, Vergangenheit, Nachbarn** → 37, 96

Für mich ist Deutschland <u>ein schönes Land</u>.
    ein modernes Land
    ein kompliziertes Land
	С моей точки зрения, Германия <u>красивая страна</u>.
	    современная страна
	    сложная страна

Mir gefallen <u>viele Städte und Dörfer</u>.
    die Berge und Wälder
    die Felder und Seen
	Мне нравятся <u>многие города и деревни</u>.
	    горы и леса
	    поля и озёра

Hier bin ich geboren.	Здесь я родился (родилась).
Hier habe ich viele Freunde.	Здесь у меня много друзей.
Hier wohnen meine Eltern.	Здесь живут мои родители.
In Deutschland finden viele internationale Veranstaltungen statt.	В Германии проводится много международных мероприятий.
Deutschland ist ein Transitland.	Германия – транзитная страна.
Begegnungen mit Menschen aus anderen Ländern sind alltäglich.	Встречи с людьми из других стран стали обыденным явлением.
Ich kenne und schätze viele ausländische Mitbürger.	Я знаю и ценю многих иностранных сограждан.
Es gibt vieles, was wir von anderen Völkern lernen können.	Мы можем многому научиться у других народов.

Ich glaube, daß wir <u>aus der Vergangenheit lernen müssen.</u>
    die Vergangenheit nicht vergessen dürfen

Я думаю, что мы <u>должны учиться на опыте прошлого</u>.
    не должны забывать прошлое

Manches gefällt mir in Deutschland nicht.

Кое-что мне в Германии не нравится.

Etwas müßte schon geändert werden.

Во всяком случае, кое-какие изменения не помешали бы.

Auf Traditionen <u>lege ich großen Wert</u>.

    lege ich keinen Wert

Традициям <u>я придаю большое значение</u>.
    я не придаю значения

Deutschland sollte sich auf seine guten Traditionen besinnen.

Германии следовало бы вспомнить свои хорошие традиции.

<u>Selten</u> denke ich über Deutschland nach.
    Manchmal

<u>Редко</u> я думаю о Германии.
    Иногда

Wichtig ist, daß sich die Menschen in Deutschland besser verstehen.

Важно, чтобы люди в Германии лучше понимали друг друга.

Ich denke, Deutschland wird es nur gut gehen, wenn es seinen Nachbarn auch gut geht.

Я думаю, что Германии будет хорошо только тогда, когда будет хорошо её соседям.

Meiner Meinung nach läßt sich die Zukunft nur gemeinsam meistern.

По-моему, будущее можно строить только сообща.

Rußland und Deutschland

178 **Beziehungen, Geschichte, Zukunft** → 173

Freundschaftliche Beziehungen zwischen dem deutschen und dem russischen Volk hat es immer gegeben.

Дружеские отношения между немецким и русским народами сущест-вовали всегда.

Ich halte Freundschaft zwischen Deutschen und Russen für sehr wichtig.

Я считаю, что дружба между немцами и русскими очень важна.

Ich möchte über Rußland und seine Geschichte gut Bescheid wissen.

Я хочу хорошо знать Россию и её историю.

Beide Völker verbindet <u>eine gemeinsame Geschichte</u>.
    ein gemeinsames Schicksal

Оба народа связывает <u>совместная история</u>.
    одна судьба

Ich weiß nicht viel
    über Byzanz
    über die Hanse
    über die Mongolenherrschaft
    über Iwan den Schrecklichen

Я немного знаю
    о Византии
    о Ганзе
    о монгольском иге
    об Иване Грозном

über die Romanows	о Романовых
über die Konvention von Tauroggen	о договоре под Тавроггеном
über Rapallo	о Рапалловском договоре
über den Hitler-Stalin-Pakt	о пакте между Гитлером и Сталиным

Beide Länder sind durch viele kulturelle Traditionen miteinander verbunden.	Обе страны связаны многими культурными традициями.

Ich denke u. a. an die Musik, an die Malerei, an das Theater.	Я думаю, например, о музыке, о живописи, о театре.
an Wissenschaft und Technik	о науке и технике
an den Sport	о спорте

Ich denke, daß sich … sehr dynamisch entwickeln wird.	Я думаю, что … будет развиваться очень динамично.

Die Zusammenarbeit auf wirtschaftlichem Gebiet ist für beide Länder von Vorteil.	Сотрудничество в экономической области полезно для обеих стран.
auf kulturellem Gebiet	в области культуры
auf wissenschaftlichem Gebiet	в области науки

Ich meine, daß es wichtig ist, wenn die Menschen einander begegnen.	Я думаю, что очень важно, когда люди встречаются.
einander helfen	помогают друг другу
einander vertrauen	доверяют друг другу

Weil ich dieser Meinung bin, lerne ich Russisch.	Так как я придерживаюсь этого мнения, я учу русский язык.
schreibe ich mich mit einem Jungen aus St. Petersburg	переписываюсь с парнем из Санкт-Петербурга

Ich lese russische Zeitungen.	Я читаю русские газеты.

Ich interessiere mich für Fernsehbeiträge über Rußland.	Я интересуюсь телепередачами о России.

Europa

179 **Befürwortung, Besorgnis, Fremdsprachen** → 14, 178

Ich bin der Meinung, daß Europa unsere Zukunft ist.	По-моему, Европа – наше будущее.

Ich bin anderer Meinung, ich denke nicht, daß Europa alle Aufgaben allein lösen kann.	Я другого мнения, я не думаю, что Европа может одна решить все задачи.

Ich wünsche mir, daß ich mich überall in Europa zu Hause fühlen kann.	Мне очень хотелось бы везде в Европе чувствовать себя как дома.

Ich hoffe, daß ich überall in Europa Arbeit finden kann.	Я надеюсь, что везде в Европе смогу найти работу.

Mir gefällt, daß ich überall in Europa Urlaub machen kann.	Мне нравится, что я могу провести отпуск в любом месте Европы.
Ich habe Freunde in mehreren Ländern Europas.	У меня есть друзья в нескольких европейских странах.
Ich bin davon überzeugt, daß die euro-päische Idee <u>die Menschen näherbringen kann</u>.	Я убеждён (убеждена) в том, что европейская идея <u>сможет сблизить людей</u>.
Kriege verhindern kann	сможет предотвратить войны
Die europäische Einigung braucht eine lange Zeit.	Процессу объединения Европы нужен длительный срок.
Der Prozeß der europäischen Einigung hat eben erst begonnen.	Процесс объединения Европы только-только начался.
Für Europa sind Fremdsprachen wichtiger denn je.	Никогда ещё в Европе иностранные языки не играли более важной роли, чем сегодня.
Außer Englisch lerne ich auf jeden Fall Russisch.	Кроме английского, я обязательно изучу русский язык.
Meine Fremdsprachen helfen mir, mich überall in der Welt zurechtzufinden.	Знание иностранных языков помогает мне освоиться в любом уголке мира.
Treten Konflikte auf, können sie im Gespräch überwunden werden.	Возникающие конфликты можно разрешить в диалоге.
Ich habe <u>keine</u> Angst vor dem vereinigten Europa.	Я <u>не</u> боюсь объединённой Европы.
ein wenig	немного
Ich werde mich über das vereinigte Europa freuen.	Я с радостью восприму объединение Европы.

180   **Zusätzlicher Wortschatz** → 179, 181

Euromir	космическая станция "Евромир"
Europäische Union	Европейский союз (ЕС)
Europaparlament	Европарламент
Europarat	Европейский совет
Europawahl	выборы в Европейский парламент
Eurostar	поезд "Евростар"
Eurovision	Евровидение

Ты иногда думаешь о Германии / о России / о Европе?

Как будет развиваться Германия / Россия / Европа /
  Европейский Союз (ЕС)?

Какую роль история отведёт Германии / России / Европе?

Какая федеральная земля Германии тебе больше всего нравится?

С какими странами граничит Германия?

Можно ли понять чужое только тогда, когда знаешь своё?

Есть ли у России особая миссия?

Что это такое – "русская душа"?

Почему говорят "матушка Россия"?

Что особенного в русских сказках?

С какими странами граничит Россия?

Какие горы в России отделяют Европу от Азии?

Как называется самая большая река в России?

Какова численность населения России?

Какой город старше – Москва или Берлин?

Почему Красная площадь в Москве называется "красной"?

Кто основал первый университет в России?

Знаешь ли ты, кто такая София Августа Фридерике Ангальт-
  Цербстская?

Что произошло с Республикой немцев Поволжья?

Как немцы попали в Россию?

Minilexika

Spezifische Angaben

Angaben zeitlicher Beziehungen

182 Wann (allgemein)

bald	скоро
einmal	однажды
früh	рано
früher	раньше
immer	всегда
in Kürze	вскоре
in letzter Zeit	за последнее время
in Zukunft	в будущем
jetzt	теперь, сейчас
kürzlich	недавно
manchmal	иногда
oft	часто
selten	редко
spät	поздно
später	позже

183 Seit wann

seit damals	с тех пор
seit kurzem	с недавнего времени
seit zwei Jahren	два года
seit Sommer	с лета

seit Juni	с июня
seit zwei Wochen	две недели
seit drei Tagen	три дня
seit gestern	со вчерашнего дня
seit sechs Uhr	с шести часов

184 Wie lange (schon)

(schon) fünf Jahre	(уже) пять лет
einige Jahre	несколько лет
(schon) zwei Jahre	(уже) два года
(schon) ein ganzes Jahr	(уже) целый год
einen Monat	один месяц
acht Wochen	восемь недель
zwei Wochen	две недели
eine Woche	одну неделю
(schon) drei Tage	(уже) три дня

185 Von wann bis wann

von neun bis vierzehn Uhr	с девяти до четырнадцати часов
von morgens bis abends	с утра до вечера
von Montag bis Mittwoch	с понедельника до среды (включительно)
vom fünften bis zehnten Juli	с пятого до десятого июля
vom 4. Januar bis 11. Juni	с 4 января до 11 июня
vom 16. März bis 16. Mai	с 16 марта до 16 мая

186 Innerhalb welcher Zeitspanne

in den letzten zwei Jahren	за последние два года
in den letzten Jahren	за последние годы
innerhalb dieser Tage	за эти дни
in (einem Zeitraum von) fünf Tagen	за пять дней
in(nerhalb) dieser Woche	за эту неделю
innerhalb eines Jahres	за год

187 Für wie lange

für (auf) eine ganze Stunde	на целый час
für die Zeit des Urlaubs	на время отпуска
für (auf) fünf Tage	на пять дней
für (auf) ein halbes Jahr	на полгода
für (auf) eine Woche	на неделю

für (auf) einen Monat	на месяц
für (auf) ein Jahr	на год
für die ganze Zeit	на всё время
(für) das ganze Leben	на всю жизнь

188 Wie oft

jedes Jahr, jährlich	каждый год, ежегодно
jede Woche, wöchentlich	каждую неделю, еженедельно
jeden Tag, täglich	каждый день, ежедневно
einmal im Monat, monatlich	раз в месяц, ежемесячно
einmal (in der Woche)	раз (в неделю)

189 In welchem Jahrhundert

im 13. Jh.	в XIII веке
im 20. Jh.	в XX веке
gegen Ende des 17. Jh.	к концу XVII века
zu Beginn des 19. Jh.	в начале XIX века

190 In welchem Jahr

im Jahre 19 …	в 19… году
im kommenden Jahr	в следующем году
im vorigen Jahr	в прошлом году
in diesem Jahr	в этом году
in fünf Jahren	через пять лет
vor zwei Jahren	два года (тому) назад

191 Zu welcher Jahreszeit

im Frühling	весной
im Sommer	летом
im Herbst	осенью
im Winter	зимой
in diesem Frühjahr	этой весной
in diesem Sommer	этим летом
in diesem Herbst	этой осенью
in diesem Winter	этой зимой

192 In welchem Monat

in diesem Monat	в этом месяце
im kommenden Monat	в следующем месяце
vor einem Monat	месяц тому назад
in zwei Monaten	через два месяца

im Januar	в январе	im Juli	в июле
im Februar	в феврале	im August	в августе
im März	в марте	im September	в сентябре
im April	в апреле	im Oktober	в октябре
im Mai	в мае	im November	в ноябре
im Juni	в июне	im Dezember	в декабре

193 In welcher Woche

in dieser Woche	на этой неделе
in der nächsten Woche	на следующей неделе
in der vergangenen Woche	на прошлой неделе
vor einer Woche	неделю (тому) назад
in einer Woche (zwei Wochen)	через неделю (две недели)

194 An welchem Wochen- und Feiertag

am Montag	в понедельник
am Dienstag	во вторник
am Mittwoch	в среду
am Donnerstag	в четверг
am Freitag	в пятницу
am Sonnabend	в субботу
am Sonntag	в воскресенье
heute	сегодня
gestern	вчера
vorgestern	позавчера
morgen	завтра
übermorgen	послезавтра
Wochenende	конец недели
am Wochenende	в конце недели
am ersten Weihnachtsfeiertag	в первый день Рождества
am Karfreitag	в Страстную пятницу
am Ostersonntag	в первый день Пасхи
am Pfingstsonntag	в Троицын день
am Neujahrstag	на Новый год
vor zwei Tagen	два дня (тому) назад
vor fünf Tagen	пять дней (тому) назад

195 **An welchen Wochen- und Feiertagen (regelmäßig)**

sonntags	по воскресеньям
an den Feiertagen	по праздникам
mittwochs	по средам
werktags	в будни; по рабочим дням; по будням

196 **Am wievielten ... (Datum)**

am 3. April 19...	3 апреля 19... г. (года)
am 31.10.19...	31 октября 19... г.
vom 3. Mai an	с 3 мая

197 **Zu welcher Tageszeit (einmal)**

am Morgen	утром
am Tage	днём
am Abend	вечером
in der Nacht	ночью
am nächsten Abend	в следующий вечер
vor dem Frühstück	перед завтраком
bis zum Mittag, am Vormittag	до обеда
nach dem Mittagessen, am Nachmittag	после обеда

198 **Zu welcher Tageszeit (regelmäßig)**

morgens	по утрам
mittags	в полдень, во время обеда
abends	по вечерам
nachts	по ночам

199 **Zu welcher Stunde, um wieviel Uhr**

um ein Uhr	в час
um zwei Uhr	в два часа
um zwei Uhr zwei	в два часа две минуты
um fünf Uhr	в пять часов
um fünf Uhr fünfzehn	в пять часов пятнадцать минут
um halb eins	в половине первого
um Viertel zwei	в четверть второго
um drei Viertel zwei	без четверти два

Angaben räumlicher Beziehungen

200 Wo

an, auf	на
außen	снаружи
da, dort	там
fern	далеко
hier	здесь, тут
hinten	позади, сзади
hinter	за
in	в, на
in der Mitte	в середине
innen	внутри
links	слева
nah	близко
neben	у, около
oben	наверху, вверху
rechts	справа
über	над
um, herum	вокруг
unten	внизу
unter	под
vorbei, vorüber	мимо
vorn	впереди
zwischen	между

201 Woher

aus, heraus	из
von außen	снаружи
von, herab	с
von hinten	сзади
von innen	изнутри
von oben	сверху
von unten	снизу
von, vom	от, с
von vorn	спереди

202 Wohin

auf	на
bis	до
dorthin	туда
hierher	сюда

hinter	за
hin und zurück	туда и обратно
nach außen	наружу
nach innen	внутрь
nach links	налево
nach oben	вверх, наверх
nach rechts	направо
nach unten	вниз, книзу
rückwärts	назад
vorwärts	вперёд

Angaben der Art und Weise

203 Aussehen

bezaubernd	очаровательно, обворожительно
fein	красиво
gut	хорошо
häßlich	некрасиво
hübsch	миловидно, прелестно
schön	красиво, прекрасно, чудесно
wunderbar, schön	великолепно

204 Qualität

exakt	точно
genau	аккуратно
korrekt	корректно
liederlich	неряшливо
penibel	педантично
schlecht	плохо
zufriedenstellend	удовлетворительно

205 Psychische Beteiligung

froh	радостно
gern	охотно
gezwungen	принуждённо
mit Interesse, interessiert	с интересом
kreativ	творчески
aus Langerweile	со скуки
motiviert	мотивированно

206 Tempo

bedächtig	рассудительно
fix	живо, быстро
flink	живо, ловко
flott	оживлённо
forsch	бойко
langsam	медленно
rasant	бурно
schnell	быстро
vorsichtig	осторожно

Bezeichnungen von Farben und Mustern

207 Farben

beige	беж, бежевый
blau (dunkel)	синий
blau (hell)	голубой
braun	коричневый
braune Augen	карие глаза
bunt	цветной
dunkel	тёмный
dunkelbraun	тёмнокоричневый
einfarbig	однотонный
farbig	цветной
gelb	жёлтый
grau	серый
grün	зелёный
hell	светлый
hellgrün	светлозелёный
himbeerfarben	малиновый
rot	красный
schwarz	чёрный
violett	фиолетовый
weiß	белый

208 Muster

gepunktet (kleine Muster)	в горошек
gepunktet (große Muster)	в горох
gestreift	в полоску
kariert	в клетку

Bezeichnungen von Formen und Materialien

209   Bezeichnungen von Formen

dreieckig	треугольный
quadratisch	квадратный
rechteckig	прямоугольный
rhombenförmig	ромбовидный
rund	круглый
trapezförmig	трапециевидный
viereckig	четырёхугольный
oval	овальный

210   Bezeichnungen von Materialien

Der Gegenstand, die Sache ist aus ...

Baumwolle	хлопчатобумажный
Beton	бетонный
Eisen	железный
Stahlbeton	железобетонный
Glas	стеклянный
Gold	золотой
Holz	деревянный
Kristall	хрустальный
Kupfer	медный
Leder	кожаный
Papier	бумажный
Pappe	картонный
Porzellan	фарфоровый
Plastik	пластмассовый
Samt	бархатный
Seide	шёлковый
Silber	серебряный
Stahl	стальной
Stein	каменный
Stoff	матерчатый
Textilien	текстильный
Wolle	шерстяной
Zinn	оловянный

Angaben von Mengen und Maßen

211 Mengenangaben

einige	несколько
nicht wenig(e)	немало
wenig(e)	немного
so viel(e)	столько
viel(e)	много
wenig, ein wenig	мало, чуть-чуть

212 Maßangaben

Höhe / Tiefe

Die Höhe des Turmes beträgt 70 Meter. Высота башни – 70 метров.
Die Tiefe des Sees beträgt 25 Meter. Глубина озера – 25 метров.

Länge / Breite

Die Länge des Weges beträgt 460 Meter. Длина дороги – 460 метров.
ein Weg von 600 Metern дорога длиной 600 метров
ein Fluß mit einer Breite von vier Metern река шириной четыре метра

Entfernung

Die Entfernung von Leipzig nach Köln Расстояние между Лейпцигом и
beträgt ungefähr 580 km. Кёльном приблизительно 580 км.
… in einer Entfernung von 60 km … … на расстоянии 60 км …

Fläche

Die Wohnung hat 60 m^2. Площадь квартиры – 60 м^2.
Wohnraum mit einer Fläche von 60 m^2 жилплощадь в 60 м^2

Gewicht

Alles zusammen wiegt 4 kg. Всё вместе весит 4 кг.
Mein Koffer wog 25 kg. Мой чемодан весил 25 кг.

213 Größen

breit	широкий
eng	узкий
groß	большой (город)
groß	великий (поэт)
hoch	высокий
klein	маленький
niedrig	низкий
tief	глубокий

Verfahren zur Erklärung und Umschreibung von Begriffen in der Fremdsprache

Das Problem

Im Moment fehlt mir das passende Wort im Russischen; ich will erklären, was ich meine.	В данный момент я не нахожу подходящего слова по-русски; я хочу объяснить, что имею в виду.

Zu beachten ist, daß Erklärungen und Umschreibungen gegenüber dem eigentlichen fremdsprachigen Äquivalent mehr oder weniger große Abweichungen in der Bedeutung aufweisen.

Mögliche Lösungswege:

1. Zuordnung zu einem Oberbegriff und Beschreibung wesentlicher Komponenten

Beispiele:
<u>Weihnachtsstollen</u> (Striezel, Christstollen …) – это рождественский пирог с маслом, изюмом, миндалём, цукатами и пр.

<u>Jugendweihe</u> – Во всей Германии отмечается этот праздник, когда юношам или девушкам 14 лет. Те 14-летние, которые верят в Бога, участвует в конфирмации или причастии. Другие отмечают посвящения в юношество иначе, они празднуют, например, югендвайе.

2. Bezugnahme auf die gleiche begriffliche Ebene und Angabe weiterer Merkmale

Beispiel:
<u>Feldblumenstrauß-Lebensstil</u> – это образ жизни людей, которые любят и защищают природу по-своему. Они против питания на скорую руку, а готовят сами, интенсивно занимаются с детьми, сами всё чинят и ремонтируют в доме, чтобы как можно меньше покупать новых вещей, собирают букеты цветов в поле, а не покупают их и т. д.

3. Angabe charakteristischer Tätigkeiten

Beispiele:
<u>Gelber Engel</u> – так в Германии любовно называют ярко-жёлтые автомобили технической помощи одного из автоклубов. Такие "жёлтые ангелы" патрулируют по дорогам и приходят на помощь тем, у кого авария.

<u>Zivildienst</u> – альтернатива военной службе, когда молодые люди, которые не желают служить в армии, работают в больницах, домах для престарелых или инвалидов и т. д. Такая служба длится больше, чем в армии.

4. Nennen von Zielen, Zwecken und Funktion

Beispiele:

Gameboy – это компьютерная игрушка в виде небольшой коробки для ручного управления разными компьютерными играми.

Gelbe Tonne – жёлтый контейнер для сбора пластмассовых отходов, жестяных банок и крышек и т. д.

Grüner Punkt – это зелёный знак на таре или упаковке, который указывает на повторное употребление тары и на то, что тара или упаковка отвечают требованиям экологии.

Parkhaus – это специальное здание, где автомашины паркуют на разных этажах, в том числе и под землёй.Стоянки обычно платные.

5. Aufzählung, Aufzeigen einer Teil-Ganzes-Beziehung

Beispiel:

Leuchtmittel – это электрические лампочки, свечи, фонари, лампы дневного света и т. д.

6. Angabe von Umständen und charakteristischen Merkmalen zu Personen oder Geschehnissen bei Verwendung einer Struktur „wenn … , dann …"

Beispiel:

Grufti (от немецкого слова Gruft – могила, склеп) – так называют юношей и девушек, если они носят чёрную одежду, красят волосы в чёрный цвет, собираются на кладбищах, ведут беседы о жизни и смерти, о демонах и дьяволах. Они ведут себя неагрессивно.

7. Nennen charakteristischer Tätigkeiten und der sozialen Situation

Beispiel:

Au-pair-Mädchen – это обычно школьница или студентка, которая живёт в чужой семье за границей. Она помогает по дому и изучает язык. За работу она получает небольшие карманные деньги.

8. Wecken assoziativer Verknüpfungen

Beispiele:

Brockenhexe – Она похожа на бабу-ягу, живёт в легендах и сказках в горах Гарца, летает верхом на метле. Каждый год в ночь на 1 мая все "Brockenhexen" собираются на вершине горы Броккен. Их фигурки продаются как сувениры.

Yuppie (от сокращённых английских слов „young urban professionals") – это молодые люди , которые получили образование в элитарных учебных заведениях и занимают престижные посты.

9. Gebrauch eines Gleichnisses

Beispiel:
Rache-Shopping (auch: Frustkauf) – трата денег на покупки от обиды на равнодушие, невнимание к себе, назло кому-нибудь. Например, муж с утра до вечера сидит у телевизора во время чемпионата мира по футболу и не обращает внимания на жену, а жена, желая отомстить ему, ходит по магазинам и тратит большие деньги на не очень нужные вещи.

10. Wahl von Synonymen

Beispiele:
Achtung, Ansehen – (уважение), имя, почёт, реноме, репутация, слава, честь

Gestalt – (образ), герой произведения, действующее лицо, особа, персона, фигура

naher, nahe, nahes – (близкий), ближний, близлежащий, недалёкий

lebensbejahend – (жизнеутверждающий), оптимистический, жизнелюбивый, жизнерадостный

11. Verwendung von Antonymen

Steht für das Ausgangswort (z.B. klein) die gewünschte reguläre Entsprechung (маленький) nicht zur Verfügung, so kann mitunter über das Antonym (большой) und dessen Verneinung (небольшой) eine sinnähnliche Entsprechung erreicht werden.

Beispiele:
liederlich (неряшливый) – аккуратный → неаккуратный
dumm (глупый) – грамотный → безграмотный
nahe (близко) – далеко → недалеко
schweigen (молчать) – говорить → ничего не говорить
Gesetzesverletzung (нарушение закона) – законность → незаконность

12. Außer den vorgestellten Möglichkeiten zur Erklärung und Umschreibung gibt es weitere, zu denen das Aushelfen durch Wortschatz anderer Sprachen gehört. Auch hierbei muß auf die begrifflichen Inhalte geachtet werden.

13. Hilfreich sind mitunter zeichnerische Darstellungen, die durch Anmerkungen und Erläuterungen verständlich werden.

Bericht

Merkmale: Ablauf und Ergebnis von Ereignissen; Einzelheiten und Umstände; Personen, Ort, Zeit; Ursachen

Sprache: bevorzugte Zeitebene – Vergangenheit, Adverbien und Konjunktionen zum Ausdruck zeitlicher Beziehungen; sprachliche Mittel zur Angabe von Gründen und daraus entstandenen Folgen

Beispiel: Bericht über eine Ferienreise; → 239

Beschreibung

Merkmale: genaue Wiedergabe von Wahrnehmungen, Angaben zum Verhältnis der Teile zum Ganzen, von Form und Funktion

Sprache: bevorzugte Zeitebene – Präsens, treffende Adjektive zur Bezeichnung von Formen, Farben, Größen, bildhafte Vergleiche

Beispiel: Beschreibung von Gegenständen (Verlustanzeige; Exponat) → 237; Beschreibung von Vorgängen (Gebrauchsanweisung), Beschreibung von bildhaften Darstellungen (Bildbeschreibung)
Empfehlung zur Bildbeschreibung: mit dem Haupteindruck beginnen; das Dargestellte beschreiben, Deutungen, Erörterungen vornehmen, Zusammenhang von bildkünstlerischen Mitteln und Wirkung erfassen, den Künstler mit einbeziehen

Erörterung

Merkmale: Auseinandersetzung mit einem Problem, einer Meinung, einem Standpunkt; Analyse des Problems, Begriffserklärungen zu Teilproblemen, Beziehungen zwischen den Teilproblemen, Bezugnahme auf Argumente, Gegenargumente, Begründungen, Vorstellung von Beispielen, streng logischer Aufbau; Behauptung, Beweis, Schlußfolgerung

Sprache: bevorzugte Zeitebene – Präsens; Sachlichkeit der Darstellung; Satzgefüge und Satzverbindungen, Ausdruck logischer Beziehungen zwischen den Teilsätzen durch spezifische Verflechtungsmittel, darunter begründender Art, Substantivierungen, Gebrauch von Abstrakta

Beispiel: Darlegung der eigenen Meinung zu einem Problem → 236

Erzählung

Merkmale: Wiedergabe eines Ereignisses, Erlebnisses … aus subjektiver Sicht, Empfindungen und Eindrücke; Auswahl der spannenden Momente, Entwicklung, Zuspitzung, Lösung von Konflikten, Gestalt des Erzählers

Sprache: bevorzugte Zeitebene – Vergangenheit; Vorgangs- und Handlungssätze, Adjektive zur Charakterisierung, darunter der handelnden Personen

Beispiel: Erzählung einer Begebenheit → 235

Nacherzählung

Merkmale: inhaltlich zutreffende, vollständige Wiedergabe eines gehörten oder gelesenen Textes; Erfassen der Struktur des Handlungsverlaufs

Sprache: bevorzugte Zeitebene – wie der Ausgangstext; Verwendung eigener Sprachmittel und der des Ausgangstextes

Beispiel: Nacherzählung einer Kurzgeschichte oder Anekdote, einer Kalendergeschichte, einer Fabel oder eines Gleichnisses

Schilderung

Merkmale: Wiedergabe des Erlebens von wahrgenommenen Vorgängen, Gegenständen oder Personen, Ausdruck der Gedanken oder Gefühle, die dadurch ausgelöst wurden

Sprache: bevorzugte Zeitebene – Gegenwart oder Vergangenheit; emotional gefärbter Wortschatz, sprachliche Bilder, bildhafte Vergleiche

Beispiele: Schilderung eines dramatischen Ereignisses → 240

216   Möglichkeiten der Textwiedergabe

Annotation

kurze, allgemeine Darstellung eines Buches, Artikels oder Dokuments

Kurzreferat

knappe, kurze Angabe des Inhalts eines Textes; wichtige Sachverhalte stehen im Mittelpunkt, keine Wiederholung der Überschrift

Resümee

Zum Resümee gibt es verschiedene Auffassungen, darunter:
– Resümee als analysierende Textbetrachtung → 141
– Resümee als eine den Text nachgestaltende Form.
Für das letztere gilt: wertende Wiedergabe von Textinhalten; Verzicht auf direkte Rede; Vermeidung der 1. Person; gleiche Zeitebene wie Ausgangstext; Bevorzugung eines sachlichen Stils; Verdeutlichung der logischen Beziehungen durch textverflechtende Mittel → 1 – 10, Gebrauch treffender Verben, Kennzeichnung zeitlicher Beziehungen → 182 - 199

Rezension

Übermittlung von Informationen zu künstlerischen Ereignissen (Theater, Film, ...), Büchern, wissenschaftlichen Leistungen aus der subjektiven Sicht des Rezensenten; Strukturelemente: Analyse und Interpretation; häufig Hinweise auf den Verfasser/Produzenten/Darsteller/Interpreten ...

Zusammenfassung

kurze, auf Ergebnisse und Schlußfolgerungen eines Textes gerichtete Darstellung, die am Ende oder Anfang eines Textes plaziert werden kann

1. Kleinschreibung

Im Russischen wird – bis auf wenige Ausnahmen – klein geschrieben.
Kleinschreibung gilt auch für Substantive, sofern sie keine Eigennamen sind.

2. Großschreibung

Großschreibung gilt u. a.
– für Eigennamen, darunter

Personennamen wie z. B.:
Ирина Валентиновна Никитина, Пётр Алексеевич Иванов,
Вильфрид, Кристина,

Bezeichnungen von Organisationen wie z. B.: "Гринпис", Общество
Красного Креста, Организация Объединённых Наций по вопросам
образования, науки и культуры (ЮНЕСКО), Организация Северо-
атлантического договора (НАТО), гражданин Федеративной
Республики Германия,

geographische Eigennamen wie z. B.: Эльзас-Лотарингия, Шварц-
вальд, Франконская Юра, Рихтерштрассе, Балтийское море,
Эльба (aber: Gattungsnamen wie море, озеро, гора werden klein
geschrieben),

Bezeichnungen astronomischer Objekte wie z. B.: Земля, Луна,
Венера, Марс, Юпитер, Уран, Нептун, Меркурий;

– am Satzanfang,

– für "Вы" als Anredeform der Höflichkeit, z. B. im Brief:
Мы хотим пригласить Вас …
(aber : <u>keine</u> Großschreibung von "ты", z. B. im persönlichen Brief:
Как ты живёшь?).

3. Getrennt- und Zusammenschreibung

– Getrennt- und Zusammenschreibung bei "не":
Zusammenschreibung: Es entsteht ein neues Wort, z. B.:
несчастье (Unglück), неправда (Unwahrheit),
непогода (Unwetter), немного (wenig),
неправильные черты лица (unregelmäßige Gesichtszüge),
неправильно! (falsch!)
Getrenntschreibung: Die ursprüngliche Bedeutung bleibt, z. B.:
Это не правильно. Das ist nicht richtig.
Это не много. Das ist nicht viel.
– Zusammenschreibung bei Komparativbildungen:
побыстрее, повеселее, подлиннее, посильнее, покороче

138

4. Schreibung von и und ы

Nach г, к, х und den Zischlauten (ж, ч, ш, щ) ist "и" und nicht "ы"
zu schreiben: книги, ученики, учебники, карандаши, мячи …

5. Nach den Zischlauten (ж, ч, ш, щ) und ц wird unbetontes "o" zu "e":
с товарищем, с ученицей, хорошего …

6. Schreibung mit Bindestrich, Gebrauch des Gedankenstriches

Mit *Bindestrich* werden Wörter der folgenden Art geschrieben:
по-русски, по-английски, по-польски, по-испански (Adverb);
по-моему, по-твоему, по-нашему (Modalwort);
во-первых, во-вторых, в-третьих, в-четвёртых (Ordinalia);
что-то, кое-что, кто-нибудь, кое-какие, какие-нибудь (Pronomen).

Der *Gedankenstrich* wird auf syntaktischer Ebene zur Prädikatsbildung
genutzt:
Гамбург — "вольный ганзейский город".

7. Silbentrennung

Silbentrennung sollte nach Möglichkeit vermieden werden.
Ist sie unvermeidlich, so kann getrennt werden
– nach Silben (мо-ло-ко, вы-со-кая*, боль-шая*, oder
– zwischen Doppelkonsonanten (мас-са, про-грам-ма, асим*-ме-трия*).

* Vokalbuchstaben dürfen nicht allein stehen.

8. Komma

In Satzverbindungen und Satzgefügen steht das Komma wie im
Deutschen zwischen nebengeordneten Sätzen bzw. zwischen Haupt-
und Nebensatz.
– Zum Unterschied vom Deutschen steht beim erweiterten Infinitiv
  (im Deutschen mit „zu") kein Komma.
  Beispiel: Приехали мои родители помочь мне в ремонте комнаты.
– In reihenbildenden Konjunktionen steht vor der Wiederholung ein Komma:
  и … , и; или … , или; либо … , либо; ни … , ни.
– In mehrteiligen Konjunktionen steht vor dem zweiten Teil ein Komma:
  не только … , но и; как … , так и; если … , то.
– Schaltwörter werden in Kommas eingeschlossen:
  … , конечно, … ; … , кажется, … ; … , может быть, … ; … , наверное, … ;
  … , к счастью, … ; … , к сожалению, … ; … , пожалуйста, …
– In Aufzählungen werden gleichrangige Glieder durch Komma getrennt:
  В комнате двухэтажная кровать, транзистор, шкаф, пианино и
  письменный стол.
– Wird zu einem Vergleich "чем" genutzt, so steht vor "чем" ein Komma:
  Сегодня теплее, чем вчера.

9. Schreibung von Abkürzungen

в. – век – Jahrhundert
вв. – века – Jahrhunderte
в т. ч. – в том числе – darunter, davon

г – грамм – Gramm
г. – 1) год – Jahr; 2) гора – Berg; 3) город – Stadt 4) господин – Herr
гг. – 1) годы – Jahre; 2) города – Städte; 3) господа – Herren
г-жа – госпожа – Frau
га – гектар – Hektar

д. – дом – Haus
дер. – деревня – Dorf
и др. – и другие – und andere
и т. д. – и так далее – und so weiter
и т. п. – и тому подобное – und ähnliches

кв. – квартира – Wohnung
кг – килограмм – Kilogramm
км – километр – Kilometer

л – литр – Liter

напр. – например – zum Beispiel

о. – остров – Insel
обл. – область – Gebiet
отпр. – отправитель – Absender

пер. – переулок – Gasse
пл. – площадь – Platz
пос. – посёлок – Siedlung
просп. – проспект – Prospekt

р. – 1) река – Fluß; 2) рубль – Rubel
р-н – район – Bezirk (Kreis)
РФ – Российская Федерация – Russische Föderation

с. г. – сего года – dieses Jahres
см – сантиметр – Zentimeter
см. – смотри – siehe
СНГ – Содружество Независимых Государств – GUS
   (Gemeinschaft Unabhängiger Staaten)
стр. – страница – Seite

т. – том – Band
т. е. – то есть – das heißt
тыс. – тысяча – tausend

ул. – улица – Straße

ф. и. о. – фамилия, имя, отчество – Name, Vorname, Vatername

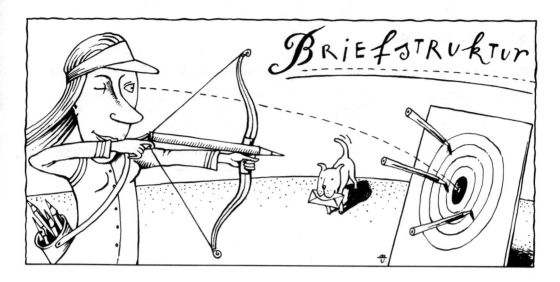

Sprachmittel zur Briefstruktur

218 | **Datum**

Лейпциг, 30 / VIII / 1995 г.
Ганноверш-Мюнден, 30 / VII – 1995 г.
Köln, d. 27.04.95

219 | **Anrede**

Дорогая … ! Дорогой … !
Дорогие друзья!
Здравствуй, дорогой друг! Здравствуй, дорогая подруга!
Уважаемый господин … ! Уважаемая госпожа … !

220 | **Beginn des Briefwechsels**

Vielleicht <u>wirst Du Dich</u> wundern, von mir Post zu erhalten.
   werden Sie sich

Может быть, <u>ты удивишься</u> моему письму.
   Вы удивитесь

Ich möchte mich mit Dir schreiben.

Я хотел(а) бы с тобой переписываться.

Wir möchten Euch kennenlernen.

Давайте познакомимся.

Ich möchte Sie kennenlernen.

Я хотел(а) бы с Вами познакомиться.

Ich habe eine Bitte: Könntest Du mir die Anschrift eines Jungen übersenden, der sich für Informatik interessiert?

У меня к тебе просьба: не мог(ла) бы ты прислать мне адрес мальчика, который интересуется информатикой?

221 Dank für die Post

Wir danken Ihnen für Ihren Brief vom …	Благодарим Вас за Ваше письмо от …

Ich danke Dir <u>für Deinen Brief</u>.
   für die Ansichtskarte vom Rathaus
   für die Einladung

Благодарю тебя <u>за твоё письмо</u>.
   за открытку с видом ратуши
   за приглашение

Vielen Dank <u>für Dein Geschenk</u>.
   für das Photo
   für den Bildband
   für den Stadtplan

Большое спасибо <u>за твой подарок</u>.
   за фотографию
   за альбом
   за план города

222 Entschuldigung für ausgebliebene Antwort

Entschuldigen Sie bitte, daß ich lange nicht geschrieben habe.

Простите, пожалуйста, что я долго не писал(а).

Entschuldige mein langes Schweigen. Wir hatten Prüfungen.

Извини меня за долгое молчание. У нас были экзамены.

Entschuldige bitte, daß ich erst heute Deinen Brief beantworte.

Прости, что я только сегодня отвечаю на твоё письмо.

223 Erkundigung nach dem Befinden

Wie geht es Dir (Ihnen)?	Как у тебя (Вас) дела?
Wie geht es Deinen Eltern?	Как поживают твои родители?
Wie geht es Deiner Schwester?	Как поживает твоя сестра?
Wie fühlst Du Dich?	Как ты себя чувствуешь?
Was macht die Schule?	Как учёба?
Was machst Du gerade?	Чем ты сейчас занимаешься?
Was gibt es Neues?	Что нового? Какие у тебя (Вас) новости?
Welche Pläne hast Du für den Sommer?	Какие у тебя планы на лето?

224 Trost für den Briefpartner

In Deinem Brief machst Du Dir über … Sorgen.

В своём письме ты беспокоишься о …

Ich möchte Dir sagen, daß Du Dich unnötig sorgst.

Я хочу тебе сказать, что ты беспокоишься напрасно.

Ich verstehe Dich.	Я тебя понимаю.
Da kann man nichts machen.	Ничего не поделаешь.
Beruhige Dich.	Успокойся.
Denke nicht daran, was passiert ist.	Не думай о том, что случилось.
Man soll die Hoffnung nicht aufgeben.	Не надо терять надежды.
Alles wird wieder gut.	Всё будет хорошо.

225 Einleitung einer Mitteilung

Ich muß Dir berichten, daß …	Должен (Должна) сообщить тебе о том, что …
Ich habe eine Neuigkeit: …	У меня новость: …
Jetzt kurz zu …	Теперь коротко о …
Du fragst mich …	Ты меня спрашиваешь …
Du möchtest wissen, …	Тебе интересно узнать …
Dich interessiert, was …	Тебя интересует, что …
Und nun ein paar Worte über …	А сейчас несколько слов о …

226 Briefschluß

Damit will ich schließen.	На этом (я) заканчиваю письмо.
Es scheint, das war alles.	Вот, кажется, и всё.
Nun, das reicht für heute.	Ну, хватит на сегодня.
Ich hoffe, daß ich auf alle Deine Fragen geantwortet habe.	Надеюсь, что ответил(а) на все твои вопросы.
Ich denke, daß ich über alles geschrieben habe.	Думаю, что написал(а) обо всём.
Das soll's für heute gewesen sein.	Ну вот, это всё на сегодня.

227 Bitte um Antwort

Ich warte auf Antwort.	Жду ответа.
Vergiß nicht zu schreiben.	Не забывай писать.
Schreib, wie es Dir geht.	Пиши, как поживаешь.
Ich hoffe, daß Du mir bald schreibst.	Надеюсь, что ты скоро напишешь мне.

Antworte bald auf meinen Brief.

Поскорее ответь на моё письмо.

Bis zum nächsten Mal. Ich warte auf Antwort.

До свидания. Жду ответа.

228 Verabschiedung

Also, mach's gut.

До свидания, всего хорошего.

Tschüs!

Ну, пока!

Alles Gute!

Всего хорошего (доброго)!

Bis bald!

До скорой встречи!

Bleib gesund! (Bleiben Sie gesund!)

Будь здоров(а)! (Будьте здоровы!)

Bis zum nächsten Mal, <u>lieber Igor</u>!
   liebe Irina

До свидания, <u>дорогой Игорь</u>!
   дорогая Ирина

229 Übermittlung von Grüßen

Herzliche Grüße und alles Gute!

Привет и наилучшие пожелания!

Grüße Deine Schwester von mir!

Передай привет твоей сестре!

<u>Mit freundlichen</u> Grüßen
   Mit herzlichen

<u>С дружеским</u> приветом
   С сердечным

Mit besten Wünschen, Günter

С наилучшими пожеланиями, Гюнтер.

Dein (Ihr) Freund …

Твой (Ваш) друг …

Deine (Ihre) Freundin …

Твоя (Ваша) подруга …

Eure Freunde aus …

Ваши друзья из …

230 Postskriptum

PS

PS

Ich habe ganz vergessen, Dir zu schreiben, daß …

Совсем забыл(а) написать тебе, что …

Noch eine Neuigkeit: …

Да, ещё одна новость: …

Beispiele für Briefe und andere schriftliche Mitteilungen

| 231 | **Grüße von unterwegs** |

16.7.94

Привет из города на Эльбе!
Сегодня были в музее истории города Гамбурга.
    Пока!
    Ralf

Дорогая Вика!
Была в театре, смотрела "Ревизора".
Не всё мне понравилось.
До свидания!
    Anja

Дорогая Света!
Ты уже знала, что в этом зоопарке
более 800 видов животных?
    Svenja

Дорогой Игорь!
Завтра пойдём в планетарий.
Мне очень интересно.
А тебе?
    Heiko

H., d. 23.4.95

Дорогой Дима!
Шлю тебе привет. Мы здесь с классом.
Больше всего мне нравится порт.
Погода не очень хорошая.
   Пиши!
   Твой Торстен.

Leipzig, d. 30.6.94

Дорогая Ира!
Спасибо за твоё письмо.
Посылаю сегодня только открытку.
Очень занята. Скоро напишу!
   Deine Jule

232 Glückwünsche, Gratulationen

Wilkau-Haßlau, d. 11.3.95

Дорогая Оксана!
Поздравляю тебя с днём рождения. Желаю тебе счастья,
здоровья, а также хорошо отметить этот день.
   Твоя Sandra

Blankenberg, d. 10.12.95

Дорогой Борис!
Сердечно поздравляю тебя с Новым годом.
Пусть он будет счастливым для тебя! Желаю тебе
от всего сердца здоровья, радости, больших успехов.
   Твоя К.

233 Telegramme

Ankunft
Приеду 27 8 часов вечера вагон 8 Белорусский вокзал
   Роберто

Прилечу вторник 8 утра рейс 687 Домодедово
   Gottfried

Absage eines Treffens
Встречи не будет заболела подробности письмом
   Катарина

Absage eines Besuches
Приехать не смогу неотложные дела искренне сожалею
   Майк

Briefe von Kerstin, Thomas, Thorsten und Anna-Katharina

234 **Kerstin antwortet nach längerer Pause**

Лобенштейн, 3.X.95

Здравствуй, дорогая Ирина!

Получила твоё письмо месяца два назад. Спасибо за него. Я долго не ходила в школу: болела, лежала в больнице. В палате нас было четверо: Сюзанна, Бетти, Николь и я. Знаешь, что мы делали? Придумывали короткие рассказы и рассказывали их друг другу. Иногда меня навещали подруги. Слава Богу, что всё позади!

Спасибо за стихи, они мне нравятся.

Иногда я тоскую (habe ich Sehnsucht nach) по весне. Весной мне легче. Как ты живёшь? Как ты провела лето?

Я по-прежнему дружу с Рональдом, жаль только, что он живёт в другом городе.

Ну, кажется, на сегодня всё. Столько нерешённых задач – физика!!!

До свидания. Пиши!
Твоя подруга Керстин.

PS Большой привет от моей мамы.
PPS Я пошлю тебе вместе со следующим письмом
один из таких небольших рассказов.
К.

235 **Kerstin erzählt ihren Traum (Из следующего письма Ирине)**

Мне снится, будто я дома одна, сижу в кресле, читаю, кругом тишина. Я начинаю мечтать. Вдруг открывается дверь, на пороге появляется красивый незнакомец. Он улыбается, зовёт меня кататься на мотоцикле. Я колеблюсь: мне и хочется покататься с ним, и в то же время страшновато. Даже слёзы подступили к горлу.

Но вот я уже на мотоцикле, мы мчимся по лугам и полям, по нескончаемым дорогам... Наконец подъезжаем к большому озеру. Тут мне становится не по себе, в голове вертятся вопросы: "Кто он такой? Чего он от меня хочет? Куда мы едем?"

Почувствовал ли он мою тревогу, или нет – не знаю, но вдруг сказал: "Я тебя знаю уже давно. Я всю жизнь искал тебя, ты моя тайна". Но я не могла понять его слов.

Потом мы плыли на лодке вдоль берега, и он рассказал мне свою историю. Какую? Об этом позже. Озеро превратилось в море, лодка – в пароход, а я – в капитана. Матросы уже ждали моих приказов. На пароходе было много пассажиров, все сидели в салонах. Я только собралась обратиться к ним с приветствием, как вдруг кто-то крикнул:

"Гости приехали!" – и на палубу опустилась летающая тарелка. Гости оказались роботами.

Начался необыкновенный вечер.

Чем закончилась история? Не скажу, придумай сама.

236 Thomas erörtert ein Problem: Ist Golf für den Menschen schädlich?

Lübeck, d. 26.6.95

Здравствуй, дорогая Анна!

Как я тебе уже писал, сегодня я хочу ответить на твой вопрос, какое у меня мнение о гольфе: вреден этот вид спорта или нет.

К сожалению, я не большой знаток гольфа. Но ответ на твой вопрос я бы начал с определения термина "вредно".

С философской точки зрения нет явлений, которые приносят только вред. Всякое явление имеет две стороны. Следовательно, и гольф приносит пользу (какую и кому – об этом позже). Далее необходимо установить, о каком гольфе идёт речь: можно иметь в виду гольф, связанный с прошлым, с элитой общества, или сегодняшний вид спорта, доступный всем хотя бы в виде мини-гольфа. Именно о нём мы и будем говорить.

По-моему, существуют две точки зрения. Первая: гольф наносит вред природе и человеку. Почему? "Зелёные" аргументируют это следующим образом: площадки для гольфа требуют обширных земельных участков, поговаривают, что методы их приобретения не всегда безупречны. Кроме того, требуется много воды. Затраты на эксплуатацию такой площади очень высоки, очень дороги спортивное обмундирование, обувь и экипировка.

Вторая точка зрения: гольф нужен человеку, в первую очередь, городскому жителю, потому что гольф – это свежий воздух, активный отдых, воспитание дисциплины, сосредоточенности (Konzentration), точности. Гольф – это медитация, хладнокровие, совместные положительные эмоции.

Эту аргументацию следовало бы ещё проанализировать, но сегодня я этим заниматься не буду. Какой же, в итоге, можно сделать вывод? Я бы сформулировал свою точку зрения следующим образом.

Прежде чем осуждать гольф, нужно досконально его изучить, лучше всего самому им заниматься. Но, с одной стороны, нельзя не учитывать серьёзные аргументы "зелёных", ведь в конце концов массовое строительство площадок для гольфа отрицательно скажется на сохранности природы. К тому же перед нами встаёт и проблема социальных преобразований. С другой стороны, необходимо учесть и обоснованные интересы настоящих спортсменов, их право на именно этот вид спорта.

Выход или компромисс я бы видел в том, чтобы меньше строить новых спортивных сооружений (установить лимит), в первую очередь строить площадки для мини-гольфа, а также искать альтернативы (хотя бы на будущее). Такой альтернативой могли бы стать площадки для гольфа на крышах больших спортивных залов, манежей и стадионов. Можно было бы покрывать крышами комплексы промышленных предприятий. Это пошло бы на пользу и спорту, и природе.

Ну, что ты скажешь? Что ты думаешь об этом?

Твой Томас.

237 **Thomas beschreibt in einem Brief das wertvollste Stück seiner Instrumentensammlung (Из письма Томаса Анне)**

Как ты знаешь, я собираю технические приборы и инструменты. У меня уже есть небольшая коллекция. Самые интересные приборы в ней – это кухонные весы 1906 года выпуска и метроном, изготовленный в прошлом веке. Так как он мой самый старый и самый драгоценный (wertvollstes) экспонат, я им очень горжусь и хотел бы описать его.

Как известно, метроном служит для задания такта и используется в первую очередь теми, кто только начинает играть на музыкальном инструменте. Мой метроном высотой в 20 сантиметров, он состоит из трёх основных частей: пружинного ходового механизма (Gangwerk), стоячего маятника и маленькой, но увесистой (von einigem Gewicht) металлической пластинки (Plättchen). Ходовой механизм находится в небольшом корпусе из лакированного красного дерева в виде усечённой (stumpf) пирамиды высотой в 8 сантиметров и основанием (Basis) 5 x 3,5 сантиметра. Маятник прикреплён к корпусу с помощью бюгеля и колеблется вдоль горизонтальной оси, он представляет собой тонкую стальную полоску, на которой выгравированы названия тактов по-итальянски, например, "престо", "аллегро", "анданте" и т.д., а также цифры, которые показывают число колебаний маятника в минуту при определённом такте. Например, при "анданте" маятник колеблется приблизительно 66 раз в минуту. В нижней части маятника расположен грузик – шарик из латуни (Messing). Такт регулируется с помощью металлической пластинки, перемещаемой по шкале. Чтобы завести метроном, нужно покрутить (drehen) латуннный диск небольшого диаметра, находящийся на правой стороне корпуса. Я считаю мой метроном драгоценным прибором, поэтому очень редко его завожу.

238 **Thorsten antwortet nach längerer Pause**

Falkenberg / Elster, d. 17.8.

Здравствуй, Борис!

Извини, что долго не писал. Я только на прошлой неделе вернулся. Наверное, тебе интересно узнать, как я провёл каникулы. Мы с родителями были в Дании, отдыхали у моря. Ездили туда на своей машине. Жили у самого пляжа на небольшой даче. Там я познакомился с парнем из Австрии. Как это произошло? Об этом в следующем письме. Мы ходили в походы, посещали интересные места, играли в бадминтон, в мини-гольф и, конечно, много купались. Незадолго до отъезда устроили праздник Нептуна. Ты слышал о таком празднике? Расскажу об этом тоже. В Дании мне очень понравилось. Напиши, как ты провёл лето, куда ездил.

На этом письмо своё заканчиваю. Жду ответа.

Твой Торстен.

239 **Thorsten berichtet, was passiert war, als er Rudolf kennenlernte (Из письма Торстена Борису)**

Это было в воскресенье 31 июля.

Мы с родителями отдыхали на пляже. Вдруг я заметил, что нет моих часов. Это было после обеда. Я решил, что где-то забыл их или потерял. Я поднялся и начал поиски. Где я только не искал свои часы. На пляже, в кафе, возле велосипедов, под полотенцем, в песке, в купальной шапочке – безрезультатно. К вечеру появился Рудольф с моими часами в руках. Он сказал, что нашёл их в половине третьего у киоска, но не знал, чьи они.

Часы я потерял потому, что неаккуратно застегнул ремешок.

Конечно я был очень рад.

Вечером мы сидели у моря и рассказывали друг другу о себе.

240 **Thorstens Schwester, Anna-Katharina, schildert Eindrücke vom Neptunfest (Из письма сестры Торстена Анны-Катарины сестре Бориса Наташе)**

Всеобщий интерес вызвала красивая спутница Нептуна, русалка. У неё были длинные белокурые волосы, небольшая корона на голове и кроме этого почти никакой одежды.

Знаешь, Наташа, я даже испугалась, когда вдруг появился Нептун. Он мне напоминал дракона, весь был покрыт рыбачьей сетью и опутан водорослями (Tang), в руках трезубец. Когда он заговорил властным голосом, вокруг стало тихо. Глаза ребятишек были прикованы к

нему, когда он вместе с помощниками совершал обряд крещения не-
которых из нас. Как хорошо, что меня среди них не оказалось, ведь им
пришлось пить горький кофе и есть пирожные с горчицей.

Leserbriefe

| 241 | **Teilnahme an einem Meinungsaustausch** |

Leipzig, d. 25.6.

Peter K…
Am Bach 4
04207 Leipzig
Deutschland

Россия
123987 Москва,
ул. …
Редакции газеты "Век"

Уважаемые дамы и господа!

Пишу Вам из Германии. Пишу Вам впервые. Читал в номере за
… с.г. статью " … " автора …
Его выводы меня заинтересовали. Только не могу понять, почему
тогда об этом нет официальной информации? Не согласен с тем, что
… Меня волнует вопрос … Но, может быть, он сумеет дать мне ответ.
Согласны ли Вы с моими сомнениями?

С уважением
Peter K.

| 242 | **Anfrage zu einer interessanten Mitteilung** |

Lichtentanne, d. 22.11.

Россия
264356 Санкт-Петербург
… переулок
Редакции журнала …

Уважаемые дамы и господа!

Читал в номере за … текущего года весьма интересную
статью о том, что под Москвой обнаружено тайное место хранения библиотеки Ивана Грозного. Мне хотелось бы побольше узнать об этом.
К кому можно обратиться? Был бы Вам очень благодарен за ответ.
Заранее спасибо и всего Вам доброго.

Daniel E.

Leipzig, d. 04.03.

Ingrid G.
Am Schloß 4
D – 04207 Leipzig

117485 Москва,
Институт русского языка им. Пушкина
ул. Волгина, 6
Кафедре "Русская литература XX века"

Уважаемые дамы и господа!

Моя фамилия G., моё имя Ингрид.
Я ученица 12 класса и очень заинтересована в изучении русской литературы XX века. Это связано с моим желанием стать литературоведом. Поэтому обращаюсь к Вам с просьбой.

Я хотела бы посещать летние курсы при Институте им. Пушкина. Каникулы у меня с 5 июля по 24 августа. В это время я могла бы участвовать в таких курсах.

Проводятся ли такие курсы, в которых могли бы участвовать и начинающие изучать русскую литературу? Если проводятся, то напишите мне, пожалуйста, куда подавать заявление и какова плата за обучение.

Очень жду Вашего ответа.
С уважением
Ингрид Г.

244 Bestellungen

Bestellung eines Hotelzimmers *(Brieftext)*
Я хотела бы забронировать в Вашей гостинице двухместный номер на срок с 5 по 10 июля … г. Я предпочла бы номер, окна которого не выходят на шумную улицу и, разумеется, с ванной или душем. Сообщите мне, пожалуйста, возможно ли это, а также стоимость номера.

Bestellung eines Hotelzimmers *(Telegrammtext)*
Прошу забронировать номер на двоих с 3 по 8 мая …

Bestellung von Theaterkarten für eine Jugendgruppe

Смоленск, 21 мая … г.
Директору Смоленского городского
оперного театра
г-ну Прощенко А. И.

Заявка

Уважаемый господин директор!

Просим выделить для молодёжной группы из Германии 32 билета на балет "Лебединое озеро" на 31 мая.
В случае невозможности получить билеты на это число, мы рады были бы получить билеты на 5 июня.
Заранее благодарим Вас за помощь.

С уважением
Даниэль Кюршнер
зам. руководителя группы.

Kartenbestellung *(Im Service-Büro)*
Прошу заказать на 25 апреля … года три билета на концерт в концертный зал Московской консерватории. Буду благодарна за удобные места.
Кроме того, я хотела бы принять участие в экскурсии по Москве-реке. Прошу заказать два билета на 28 апреля на 10 часов.
Гюнтер Шмидт, номер 213.

Taxi-Bestellung *(Im Service-Büro)*
Прошу заказать для поездки в аэропорт Шереметьево такси на субботу, 9 февраля на 7 часов утра.

Äußerung eines Weckwunsches
Прошу разбудить меня 10 марта в 5 часов утра.
Даниэль Риттер, номер 311.

245　**Persönliche Einladungen**

Einladung zum Geburtstag
Дорогая Ирина!
Приглашаю тебя ко мне домой на день рождения. Мой день рождения мы будем отмечать в четверг и встретимся в три часа.
Пока!
Nele

Einladung zum Wohnungseinzug
Уважаемая Нина Петровна!
Разрешите пригласить Вас к нам на небольшой праздник.
Мы справляем новоселье. Для нас было бы большой радостью видеть Вас.

С сердечным приветом
Katrin

Einladung zu einem Ferienaufenthalt

Дорогой Сергиуш!
Приглашаю тебя к себе в Германию.
Приезжай летом на три недели к нам в Дортмунд.
Напиши, что ты об этом думаешь.
Жду ответа. Передай привет родителям.
Daniel

246   **Eintragung in ein Gästebuch**

22.6.
Экспонаты произвели на нас большое впечатление.
Особенно нам понравилось, что … . Дома мы поделимся нашими
впечатлениями с друзьями.

Klasse … , … -Gymnasium
Leipzig, Deutschland

23.7.
Выставка нам не очень понравилась. Нам кажется, что в залах
слишком много экспонатов.

Ronny und Annett K. aus M., Deutschland

14.5.
Сюда я попал случайно.
Я не знаток … , но мне хочется сказать, что экспозиция была хорошей.

Johannes P., z.Zt. Kaluga

Что это только за выставка!!!

K & M R…

247   **Beschwerden im Hotel (Немного юмора)**

Ich muß mich beschweren.

Я должен обратиться к тебе (Вам) с жалобой.
Я жалуюсь на то, что …
Я жалуюсь на господина …
Извини(те), пожалуйста, но у меня к тебе (Вам) есть претензии: …

Окно не открывается. Отопление не работает. Нет горячей воды.
Кран течёт. Лампа не горит. Дверь не закрывается.
Нет ключа от номера. Ресторан закрыт. Мест нет. Кровати нет.
Беспорядкам нет конца. Администратор спит. Дежурной плохо.
Багажа всё ещё нет. Лифт застревает. Цены страшные.
Гостиницы вовсе нет. Рейс задерживается. День аннулировать!

---

248   **Verlustanzeige**

К., 21/VII/…
Заявление

     Я, Дёрте К., временно проживающая в гостинице "Тверь" в 281 номере, хочу заявить о пропаже моего бумажника в кафе гостиницы "Тверь" сегодня, 21 июля, около 17 часов. Бумажник кожаный, красного цвета, четырёхугольный. Кроме всего прочего в нём находились удостоверение личности, водительские права и амулет, представляющий собой тибетского будду.

Дёрте К.

249   **Unfallmeldung**

К., _____

Протокол

Пострадавшее лицо / пострадавшие лица: _____
Дата происшествия: _____
Место происшествия: _____
Время происшествия: _____
Другие пострадавшие: _____
Свидетели происшествия: _____

Что случилось? (Показания участников происшествия): _____

Какие меры были приняты: _____

Подпись: _____

250   **Kondolenzschreiben**

     31/10/…
Уважаемый Игорь Петрович!
Выражаю Вам (наше) глубокое соболезнование по случаю постигшей Вас тяжёлой утраты.

С уважением …

     31/10/…
Уважаемый Игорь Петрович!
Искренне соболезную по поводу смерти Вашего отца.

С уважением …

251 Formulare

СВИДЕТЕЛЬСТВО О ЗАКЛЮЧЕНИИ БРАКА

Гражданин ....
.... (фамилия)

.... (имя, отчество)

родившийся ....
место рождения ....
и гражданка ....
.... (фамилия)

.... (имя, отчество)

родившаяся ....
место рождения ....

заключили брак ....
.... (число, мес)

.... (цифрами,

СВИДЕТЕЛЬСТВО О РОЖДЕНИИ

Гражданин (ка) Быков
Андрей Владимирович
родился (лась) 20.02.1984. Двадца-
того февраля тысяча девять-
сот восемьдесят четвёртого года

Место рождения: город, селение
г. Смоленск
район
область, край Смоленская
республика РСФСР
о чём в книге регистрации актов о рождении
19 84 года
произ

РОДИТЕЛИ
Отец Быков
Владимир
национальность
Мать
национальность немка
СССР

ЗАЯВЛЕНИЕ

.... (фамилия)

.... (имя, отчество)

Пол: _____ Год и место рождения: _____

Национальность: _____

Социальное положение: _____

АБОНЕМЕНТ на газету журнал **50162**
(индекс издания)

Неделя – 94 Количество комплектов:

на 19_____ год по месяцам:

1	2	3	4	5	6	7	8	9	10	11

Куда
(почтовый индекс)   (адрес)

Кому
(фамилия, инициалы)

ДОСТАВОЧНАЯ КАРТОЧКА

(фамилия, инициалы)

газету
ли- на журнал
тер
(индекс издания)

наименование издания)

	руб.		коп.	Количество комплек-
	руб.		коп.	тов:

год по месяцам:

5	6	7	8	9	10	11

(адрес)

проживающего(ей) _____
(фамилия, имя и отчество)

_____
(указать адрес постоянной прописки)

окончившего(ей) _____
(указать год окончания, наименование учебного заведения,

имеется золотая (серебряная) медаль, похвальная грамота об окончании школы

или диплом с отличием об окончании среднего специального учебного заведения

Какой иностранный язык изучал(а) в среднем учебном заведении _____

З А Я В Л Е Н И Е

Прошу допустить меня к вступительным экзаменам для поступления на дневное, обучение (подчеркнуть, на какую форму обучения поступает)

факультета _____

по специальности _____
(наименование факультета)

_____
(наименование специальности)

В общежитии нуждаюсь, не нуждаюсь (подчеркнуть).

О себе сообщаю следующие сведения:

Пол _____ год и место рождения _____

Национальность

МЕЖДУНАРОДНОЕ БЮРО ЗНАКОМСТВ

АНКЕТА   АНКЕТУ ЗАПОЛНЯТЬ ПЕЧАТНЫМИ БУКВАМИ

Фамилия, Имя, Отчество _____
Возраст, Вес, Рост _____
Цвет глаз и волос _____
Национальность _____
Образование _____
Хобби, увлечения _____
Каким и в какой степени владеете
иностранным языком? _____
Адрес, Телефон _____

КОНСУЛЬСТВО (консульский отдел посольства) РОССИИ в ....

VISAANTRAG

ВИЗОВАЯ АНКЕТА

Nationalität

Национальность	
Гражданство	
Фамилия	
Имя, отчество Если изменяли, то Ваши имя и отчество до из...	
Дата рождения	
Пол	
Цель поездки	
В какое учрежд	
Маршрут след	
Дата начала	
Дата оконч	
№ паспор	

ПРОВЕРЬТЕ ПРАВИЛЬНОСТЬ ОФОРМЛЕНИЯ АБОНЕМЕНТА!

На абонементе должен быть проставлен оттиск кассовой машины. При оформлении подписки (переадресовки) без кассовой машины на абонементе проставляется оттиск календарного штемпеля отделения связи. В этом случае абонемент выдается подписчику с квитанцией об оплате стоимости подписки (переадресовки).

ТЕЛЕГРАММА

ПРИЕМ:	ПЕРЕДАЧА:
	Адрес

Alphabetisches Stichwortverzeichnis

Autoren und Verlag danken Frau Dr. Elke Häßler und
Herrn Prof. Dr. Siegfried Scharf für Begleitung in der Anfangs-
phase der Arbeiten, Frau Dr. Elizaveta Kanowa,
Herrn Alan Jerschow und Herrn Dr. Waleri Sankow
für sprachliche Beratung und Herrn Prof. Dr. Hartmut Mey
für gutachterliche Unterstützung.

Redaktion: Jürgen Cunow

ISBN 3-06-501015-1

1. Auflage
© Volk und Wissen Verlag GmbH, Berlin 1995
Printed in Germany
Druck und Binden: Interdruck Leipzig GmbH
Einband und Illustrationen: Uta Bettzieche
Layout: Marion Röhr